私立大学の
財政分析
ハンドブック

野中郁江 Ikue Nonaka

大月書店

はじめに

　本書は，私立大学の財政分析ができるようになる本です．

　よく会計数値については，「数値は嘘をつかない」という考え方と，「だましの手段なので気をつけて」という考え方があるようです．どちらもそれぞれに的を射ていると思います．

　本書では，基本的な見方ができるようにすることをめざしました．曇りのない目で見ることが大切です．基本的な見方をすることで，初めて「数値は嘘をつかない」のです．本書で得られる情報や判断を共有することで，保護者・学生をはじめ，社会の期待に応える大学づくり，学問の継承・発展の場としての大学づくりを支える財政のあり方が議論できます．

　また，基本的な見方を会得すると，一部の数値や一面的な指標を強調して，むやみに危機感を拡散し，意欲や希望を打ち砕いて，ひいては大学の価値を台無しにしてしまうような「だましの手段」を見抜いて，まっとうな議論に戻していくことができます．学校法人会計基準の基本金組み入れ制度は，「だましの手段」の最たるものです．

　日本私立学校振興・共済事業団（以下，事業団）は，2007年より「経営判断指標」を作成し，それに基づく財政状態についての判断を各大学に押しつけています．経営危機の判断も不適切ですし，健全な大学に対しては過剰な貯めこみを推奨しています．その影響力は，合理的な理由のない解雇事件などの労働事件にまで及んでおり，社会的な問題となっています．

　また文部科学省は，いくつかの指標をもとに，財政的に困難を抱える大学を経常費補助や修学支援から排除し，撤退を迫っています．事業団や文科省が示す指標をそのまま受け入れるのではなく，理事会・評議員会・監事など学校法人の役員，学長・学部長など教学の役員，それから教職員組合役員，教職員といった大学関係者，さらに保護者・学生らが，計算書類を正しく理解し，財政状況を正確に把握して，現在と将来についての議論が大学の現場でできるよう

になることが重要です.

　2019年の私立学校法改正によって，保護者・学生，教職員だけでなく，社会，市民への財政情報の公表制度が整備されようとしています．まだまだ不十分ですが，基本的で素直な計算書類の読み取り方法を普及していくことが大切です.

　なお，私立大学の会計は，文部科学省令「学校法人会計基準」(1971年制定)に大きく依存しています．本書でも，学校法人会計基準を中心に財政分析の方法を述べます．この会計基準は，私立大学だけではなく，私立高校をはじめ，すべての私立学校に及んでいますから，本書は，すべての私立学校の財政分析にも活用できるものになっています.

　本書は，大きく分けて4つの部分から成っています.

　第1章と第2章は，基礎知識編です.

　第3章から第7章までは，3つの計算書の分析方法を学ぶ本編です.

　第8章から第10章までは，周辺知識を学ぶ発展編です.

　第11章と第12章は，事業団が推奨している「経営判断指標」への批判と対案です.

　学校法人会計基準の改正を求めたい点は，「提言」として別に掲げました．流れから少し外れる重要事項は，適時，コラムにしました．また巻末に，参考文献，学校法人会計基準，様式，関連する規定などを掲げました.

　本書は「誰もが，その気になれば，わかる・できる」を大切に考えました．大学の会計の基本的なしくみは，さほど難しいものではありません．大学の財政分析を始めるのは簡単です．進んでいくと当惑する原因は，簿記のしくみ，計算書についての知識不足が3割で，残りは基本金組み入れ制度と減価償却についての勘違いです.

　すぐに分析にとりかかりたい方は，まず第3章から第5章までの概略をつかんでください．わからない用語を壁と感じたら，第1章，第2章に戻って確認してください．なるべく早く第6章に進み，パソコンをあけてエクセルシートの入力作業を始めてください．「習うより慣れろ」「わからなくなったら戻って，また進む」で行きましょう.

7　3つの計算書を5年分並べて分析する……………69

9-3　貸借対照表の注記　111

9-4　収益事業の決算書　117

10　学校法人会計基準の概要 ································ 119

10-1　学校法人会計基準の2013年改正　119

10-2　学校法人会計基準の主な条文　122

11　事業団「経営判断指標」の問題点 ······················ 131

11-1　「耐久テスト」と「貯めこみテスト」131

11-2　耐久テストのフローチャートは行ったり来たり　132

11-3　耐久テストの検討　134

11-4　耐久テストとは異質の「貯めこみテスト」140

資　料

1 | 私大財政分析のための 基礎知識

1-1　財政分析の対象は私立大学（学校）と学校法人

　財政分析を始めるために，大学のホームページを開きます．すると，「学校法人　○○学園」「学校法人　○○大学」の名前が出てきます．○○が，大学の名前とは異なる場合もよくあります．

　学校法人は，私立大学や私立高校などの私立学校を設置する目的でつくられた法人です．財政分析の対象となる決算書は，実は，学校法人と私立学校の全体を含んでいます．

　こうした制度について，簡単に説明をしておきます．

大学（学校）についての法律は学校教育法

　日本には，私立大学のほかに，国立大学，公立大学があります．こうした大学や，小学校，中学校，高等学校のことを，法律上「学校」といいます．この学校の性格について，教育基本法第6条は次のように定めています．「法律に定める学校は，公の性質を有するものであって，国，地方公共団体及び法律に定める法人のみが，これを設置することができる」

　ここにいう「法律」とは，学校教育法のことです．学校教育法第2条は，「学校は，国（国立大学法人法第2条第1項に規定する国立大学法人及び独立行政法人国立高等専門学校機構を含む），地方公共団体（地方独立行政法人法第68条第1項に規定する公立大学法人を含む）及び私立学校法第3条に規定する学校法人のみが，これを設置することができる」と定めています．続いて「この法律で，国立学校とは，国の設置する学校を，公立学校とは，地方公共団体の設置する学校を，私立学校とは，学校法人の設置する学校をいう」と，「学校」につい

て規定しています.

　教育基本法，学校教育法に基づいて，「学校」は次のように分類されています.

学校種／設置形態	国立学校	公立学校	私立学校
小学校	国立小学校	公立小学校	私立小学校
中学校	国立中学校	公立中学校	私立中学校
高　校	国立高校	公立高校	私立高校
大　学	国立大学	公立大学	私立大学

　国立小学校や国立中学校は，数も少ないので，耳慣れない呼び方ですが，法律上はこのように分類されています．また国立大学は，国立大学法人法によって，国立大学法人が設置者であり，学校でもあるということになりました．公立大学は，公立大学法人になった大学と，地方自治体が設置している公立大学との2種類があります．学校教育法によれば，私立大学とは，大学であり，私立学校であるということになります.

　日本において，大学に占める私立大学の比重はたいへん大きなものです．文科省『学校基本調査』（2018年度）によれば，大学数で82%，学生数で75%を占めています.

学校法人についての法律が私立学校法

　では，学校法人とは何でしょう．もう一度，学校教育法第2条の「学校は，（中略）私立学校法第3条に規定する学校法人のみが，これを設置することができる」に戻ってみます．ここでいう私立学校法第3条の規定とは，「『学校法人』とは，私立学校の設置を目的として，この法律の定めるところにより設立される法人をいう」という規定です．つまり学校法人とは，私立学校を設置するための法人なのです.

　私立学校法は，第1条から始まり，罰則を定める第66条・第67条までに，学校法人についての機関，運営など規律を定めています．それぞれの学校法人は，私立学校法に基づいて，基本規程である寄付行為を定めています．学校法人は，設置した大学（学校）を含めて会計をおこない，計算書類を作成するので，私

立学校法は財政分析にとっても重要な法律です.

　ややこしいことですが，私立学校法は学校法人について定めた法律であって，大学などの私立学校について定めた法律ではありません．ですから，私立大学をめぐる法律的な枠組みは，学校法人について定めている私立学校法と，学校法人が設置する大学（学校）について定めている学校教育法という，二重の法律のもとにあることになります.

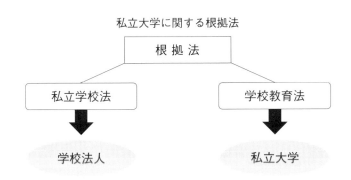

私立大学に関する根拠法

　私立学校では，国公立学校と異なり，「建学の精神」の尊重がうたわれています．このことにより，私立学校は「政府の意向」から自由であるという側面をもち，わかりやすい例としては宗教教育が認められています．とはいえ，国公立学校にも教育の自由がありますし，建学の精神にあたる個性があるはずです．戦争中の軍国教育，臣民教育への反省から，国家の教育権・国定教育ではなく，国民の教育権，政治的中立性の確保，学問成果の尊重が，日本国憲法との関係で当然認められなければなりません．ただ，「建学の精神」の尊重という独特の理念が私立学校にはある，ということです.

　また大学については，国・公・私の区別なく，憲法第23条「学問の自由は，これを保障する」との関係で，大学の自治が尊重されなければなりません．私立大学においては，大学の自治は，政府・国家権力との関係だけでなく，学校法人の理事会との関係でも保障されなければなりません.

財政分析の対象は学校法人と大学

　「私立大学の財政分析をしよう」といっても，財政分析の対象となる決算書

は，実は学校法人と私立学校（大学のほかにも付属高校や専修学校も含む）の両方を含んでいます．学校法人が，設置している学校を含めた会計による決算をおこない，計算書類を作成し，文科省に提出し，情報公開をしているからです．会計や決算は学校法人がおこないますが，計算の範囲は，学校法人とそれが設置している学校のすべてです．

　こうした学校法人の行為のもとになる法律は私立学校法ですが，後に述べるとおり，経常費補助制度について定めている「私立学校振興助成法」に基づく会計規律もあります．意外なことに思われるかもしれませんが，学校法人が作成する計算書類の作り方について定めている文部科学省令・学校法人会計基準の根拠は，私立学校法ではなく，私学振興助成法にあります．

官庁がおこなう学校法人の分類

　財政分析をおこなううえで知っておいたほうがいい，学校法人の分類のしかたが2種類あります．

　まず，大学・短期大学・高専の所管は国であり，高校などの所管は地方自治体です．そこで，大学・短大・高専を設置している法人を文部科学大臣所轄学校法人，高校以下を設置している法人を都道府県知事所轄学校法人と区別しています．私立学校法でも，私学振興助成法でも，学校法人会計基準でも，文部科学大臣所轄学校法人と都道府県知事所轄学校法人とでは扱いが異なる部分があります．

　また，大学を含む私立学校を設置している法人を大学法人，高校以下を設置している法人を高校法人，中学法人などと呼んでいます．ただ，大学法人であっても，付属高校・付属中学などの所管は都道府県です．付属高校・中学などの分の補助金は，地方自治体から交付されます．

　大学・短大・高専法人が学校法人のなかに占める割合は，わずか9.7％です（2018年5月1日現在）．学校法人のなかで，最も数が多いのは幼稚園法人です．幼稚園，小学校，中学校，高校，大学，これらをすべて同じ私立学校として扱い，その設置者である学校法人を私立学校法という単一の法律で規制することは，無理があります．そこで私立学校法は，私立大学が果たしている公共的役割を重視して，大学法人に対して透明性や公共性を担保するための条文を設け

ています．計算書類の公表や作成種類にも違いがあります（7〜10ページ）．

書名の「私立大学の財政分析」について

　あらためて，本書の書名「私立大学の財政分析ハンドブック」に戻ります．以上述べてきたことから，「私立大学の財政分析」とは，正確には「大学等を設置した学校法人，および設置されている大学等を会計の範囲として，学校法人が作成した計算書類を対象とする財政分析」だということになります．さらに，「付属学校や付属病院も含めた計算書類を対象とする財政分析」になる場合もありますから，本当は「大学法人の財政分析」という書名のほうが正確かもしれません．しかし，主として大学関係者に読まれることを期待していることから，「私立大学の財政分析」という表現を用いました．

　本書では，学校法人とそれが設置する大学（学校）とを区別している文脈もありますが，財政分析の対象としては，学校法人と大学（学校）とを含んでいるので，学校法人，大学，高校などの学校を含めて「私立大学の財政」という言い方をしています．

　なお，大学についてだけ，あるいは高校についてだけの分析をおこなうためには，学校法人会計基準が作成を求めている収支計算書の内訳表によって情報を得ることができます．貸借対照表には内訳表は作成されません．内訳表は文科省には提出されていますが，私立学校法は内訳表の作成・備え付け・閲覧や公表を義務づけていないため，入手できない場合も多いようです．

1-2　私立大学への国庫補助について

　学校法人会計基準が，私学振興助成法に根拠をもっていることは先に述べました．財政分析においても，収支計算書に，「国庫補助金」という収入項目が出てきます．私立大学は，国からの補助金を受けています．公教育機関として補助金を交付されていることを根拠として，学校法人会計基準に基づいて決算をおこない，公認会計士監査を受けて，決算書を文科省に提出するように求められているのです．ここで，私大経常費補助制度について，簡単に解説しておきます．

私学振興助成法は，私立学校への助成（私学助成），つまり私立幼稚園，私立小学校，私立中学校，私立高校，私立大学への助成を定めている法律です．私学助成の目的は，「私立学校の教育条件の維持及び向上並びに私立学校に在学する児童，生徒，学生又は幼児に係る修学上の経済的負担の軽減を図るとともに私立学校の経営の健全性を高め，もって私立学校の健全な発達に資すること」（第1条）です．

　幼稚園から高校までの助成をおこなうのは地方自治体で，大学の助成をおこなうのは国・政府です．そこで，私立大学に対する助成のことを特に私大助成といいます．私大助成は，私学助成であるとともに，国立大学への運営費交付金と並ぶ国の補助金です．人件費や教育研究経費といった基本的な経費に対する補助なので，私大経常費補助といいます．国立大学の運営費交付金とともに，「基盤経費への補助」ともいいます．

　私学振興助成法第4条は，私大経常費補助の枠組みについて述べています．「国は，大学又は高等専門学校を設置する学校法人に対し，当該学校における教育又は研究に係る経常的経費について，その2分の1以内を補助することができる」．1975年に私学振興助成法が制定されたときに，参議院文教委員会の附帯決議において，「速やかに2分の1とするよう努めること」となっていたことから，私大関係者は，経常費補助率2分の1を実現することを求めてきました．

　経常費に占める補助金の割合は，最大で29.5%（1980年度）になりましたが，その後，補助率は10%台に下がりつづけ，現在は10%を下回っています．高校以下の補助制度は，2分の1をめざして拡大し，就学支援制度と相まって，保護者の教育費負担の軽減化に役立っています．一方，私大の低い補助率は，高学費の原因になっています．

　近年では，経常費補助の根幹である一般補助も重点化され，競争化されるとともに，定員割れ大学や定員超過大学への不交付措置もとられ，大学の健全な発展を阻害しています．

1-3　私立大学の会計，監査，情報開示のしくみ

　私立大学についての会計の定めは，やや複雑です．その理由は，私立学校法が定める内容と私学振興助成法が定める内容に違いがあることと，文科大臣所轄法人と知事所轄法人との違いがあることです．

　会計，監査，情報開示に関する私立学校法と私学振興助成法との違いなどについて，ここで簡単に整理しておきます．なお，この複雑さを解消するためにも，学校法人の会計基準を，私学振興助成法ではなく私立学校法に規定することが課題になってきています．

財政分析のうえでの文科大臣所轄法人と知事所轄法人の違い

　文科大臣所轄法人と知事所轄法人との違いが，財政分析にとって直接影響があることについて，2点を挙げます．

　第1に，2013年学校法人会計基準の改正によって，文科大臣所轄法人に活動区分資金収支計算書の作成が義務づけられましたが，知事所轄法人ではその作成は任意です．活動区分資金収支計算書がなければ，資金収支計算書を自分で組み替えないと分析が難しくなります．分析をする立場からは，知事所轄法人でも作成を義務づける必要があります．

　第2に，2019年の私立学校法改正（2020年4月1日施行）において，文科大臣所轄法人では財産目録等の閲覧の対象が拡大されました．しかし，知事所轄法人では閲覧の対象が利害関係人に限られたままです（第47条）．また，文科大臣所轄法人には，「情報の公表」として財産目録等のインターネットでの公表が義務づけられました（第63条の2，私立学校法施行規則第7条）．

私立学校法の会計・監査についての定め
①決算と監査についての定め

　学校法人は，私立学校法第46条によって「決算報告の必要性」が定められ，第47条で「学校法人は，毎会計年度終了後2月以内に財産目録・貸借対照表・収支計算書及び事業報告書を作成しなければならない」と義務づけられています．

また私立学校法第28条第1項と組合等登記令は，登記すべき「資産の総額」を，事業年度終了後2ヵ月以内としています．この「資産の総額」の登記には財産目録が添付されることになっています．

　私立学校法上の監事は，「学校法人の業務又は財産の状況について，毎会計年度，監査報告書を作成し，当該会計年度終了後2月以内に理事会及び評議員会に提出すること」とされ，監査報告書を2ヵ月以内に提出することになります（第37条第3項第3号）．

　私立学校法では，学校・学部新設に伴う寄付行為の認可申請などの特殊な事情を除いては，監事による監査報告書だけが義務づけられており，決算との関係では，公認会計士監査は義務づけられていません．

　2019年の私立学校法改正により，監事の業務内容・責任が拡大しました．このことは，財産の状況についての監事の監査の責任を強化することになるでしょう．しかし，後述する私学振興助成法のもとでの公認会計士監査との関連を明確にしないままでは，監事の責任を果たすことは難しいと考えられます．

②　財産目録の重視

　私立学校法は，財産目録の作成を義務づけています．学校法人会計基準では作成が義務づけられていないので，財政分析の対象から外されてしまう場合が多いのですが，閲覧の対象ともなっており，活用すべきです．

　財産目録には，貸借対照表と異なる特質があります．財産目録は，私立学校法施行規則第2条第6項によって，資産を次の2種類に区分することになっています．

基本財産	学校法人の設置する私立学校に必要な施設及び設備又はこれらに要する資金
運用財産	学校法人の設置する私立学校の経営に必要な財産

　そして資産総額，負債総額，正味財産を示します．資産があって，負債があって，その差額が正味財産です．これが会計計算の大本です．正味財産は純資産に当たります．財産目録には「基本金」という名前も分類も登場しないと

いうことも，覚えておくといいと思います．詳しくは第9章で取り上げます．

③「備え置きと利害関係人への閲覧」（2005年）から「一般閲覧と公表」（2019年）に改正

　私立学校法は，2004年改正によって，財産目録・貸借対照表・収支計算書及び事業報告書，さらに監査報告書を「各事務所に備えて置き」，「当該学校法人の設置する私立学校に在学する者その他の利害関係人から請求があった場合には，正当な理由がある場合を除いて，これを閲覧に供しなければならない」と，備え置きと閲覧を義務づけました（第47条第2項）．

　ここで情報開示される財産目録・貸借対照表・収支計算書は，標準様式（2004年7月23日付および2013年11月27日付の私学部長「通知」）によれば，次項で取り上げる私学振興助成法に基づき作成されている決算書と比べて，内訳表・明細表や貸借対照表の注記が除かれているなど，簡素化されたものでした．

　2004年改正の後，私立大学において引き起こされた一部理事会の不祥事は，私立大学の価値を損ない，社会的信用を貶（おとし）めるものでした．たとえば，2013年に解散した堀越学園（群馬県高崎市）の問題が社会に知られるようになったきっかけは，決算書の改竄（かいざん）でした．堀越学園は，理事長らによる乱脈経営を理事者がただすことができず，戦後初めて在学生のいる大学法人に発出された解散命令によって解散しました．学生たちの学びや卒業を確保したのは，教職員たちであり，学校法人制度のあり方が問われた大事件でした．

　2019年改正は，理事の責任の明確化や監事の役割の強化とともに，財政資料を広く社会に公表することによって，学校法人と学校を含めた財政の透明化を図ることを趣旨としました．大学法人については閲覧対象が利害関係人だけでなく一般へと広げられ，インターネットによる公表が定められました．閲覧・公表を求められる内容や考え方については，私立学校法施行規則や施行通知が示しています．第47条に基づき作成・備え置き・閲覧に供される貸借対照表・収支計算書の標準様式が，従来の簡素化されたものから，学校法人会計基準の様式（第一号様式，第四号様式，第五号様式，第七号様式）と同一に改善されました．また，同じく第47条が規定している事業報告書についても，参考例の内容が充実したものとなりました．第63条の2が定める公表については，第47条

が規定する書類をインターネットで公表することとされています（巻末資料）.

しかし，公表される決算書がどの程度詳細なものであるかについては，備え置き・閲覧とは異なり，公表義務には罰則規定がないため，その実効性に課題が残されています.

私学振興助成法の会計についての定め

国庫補助金の交付を受ける学校法人は，私学振興助成法第14条第1項の規定に基づき，学校法人会計基準の適用を受け，資金収支計算書（資金収支内訳表，人件費支出内訳表，活動区分資金収支計算書を含む），事業活動収支計算書（事業活動収支内訳表を含む），貸借対照表（固定資産明細表，借入金明細表，基本金明細表を含む）の作成義務があります.

文管振第158号「財務計算に関する書類及び収支予算書の届け出について（通知）」によって，毎年6月30日までに文科大臣に届け出ることになっています.

公認会計士による監査については，1968年の「大学等新増設認可申請を行なう学校法人に係る監査の取り扱い」がありましたが，学校法人監査は，1970年度から私立学校法第59条第9項監査として始まりました. その後，私学振興助成法が制定されるに伴って，私立学校法に基づく監査から，私学振興助成法第14条第3項に基づく監査に移行しました.

現在，監査に関連した通知等が文科省から発せられ，そのほかにも日本公認会計士協会からの通牒，同協会学校法人委員会報告等，監査に係る指針等が，その効力にはばらつきがありますが，実務に対する影響力をもっています. つまり，私学振興助成法を根拠として，学校法人会計基準が定められ，この基準に基づいて計算書類が作成され，公認会計士監査もこの基準に依拠しておこなわれているので，公認会計士協会がガイドとなる様々な文書を作成しているのです.

私立学校法と私学振興助成法との密接な関係

このように私立学校法と私学振興助成法とは，会計・監査について異なる規制をしていますが，ほぼすべての大学法人はそれら両方による規制を受けてい

るので，実務では密接に関係しています．私立学校法に基づいておこなわれて
いるはずの決算書として作成されるものは，財産目録を除いては学校法人会計
基準に基づいて作成されるという「入れ子」構造になっています．

　私立学校法（第47条）の閲覧に供する書類について，「学校教育法等の一部
を改正する法律の施行に伴う関係政令の整備及び経過措置に関する政令等の施
行について（通知）」（2019年9月27日・元文科高518号）が，貸借対照表，資金収
支計算書，活動区分資金収支計算書，事業活動収支計算書に関しては学校法人
会計基準と同一の様式参考例を示しています．実務では一体のはずですが，私
学振興助成法が作成を求めている内訳表や明細表は，私立学校法では作成を求
めていないため，備え付け・閲覧の対象になりません．

　私立学校法は学校法人についての基本的な法律であり，私学振興助成法は経
常費補助という行政に関わる法律です．学校法人のあり方を定める私立学校法
に，現実におこなわれている会計・監査の規定が盛り込まれていないことは，
設置されている私立学校の公共的な性質や社会的役割・使命の点から見て，良
くない状態にあるといえます．「税金が私学助成に出ているから会計・監査を
きちんとさせるべき」なのではなく，公の性格を有する私立学校を唯一設置で
きる法人であるからこそ会計・監査の規定を備えるべきなのです．

情報公開法による財政公開

　私学振興助成法に基づいて，政府に提出されている決算書は，情報公開法の
対象になります．しかし，情報公開法によって開示される決算書は，ページ数
は何ページあったとしても，いわゆる「のり弁」と呼ばれる黒塗りだらけのも
のであることが許されています．現状は，私立大学の財政公開とは名ばかりで，
政府がその情報を独占しているのです．

簿記の知識は必要か

大学の財政を議論していると，多くの人たちは，悪気はないのですが，有利な情報・指標なのか，不利な情報・指標なのかを区別して，その範囲で情報発信をしてしまいがちです．こういう傾向は良いこととはいえません．基本的なこと，根幹にあたることは何なのか，理解するために最低限必要な，基本的な簿記知識があります．

私立大学の財政分析は，他の事業体と比べてシンプルです．メーカーであれば，製造原価の計算が必要です．商業であれば，仕入れた商品の原価を記録して，売れた商品の原価に割り振らなければなりません．商品を売るときも，まずは信用売りをして，代金を手形で受け取るということがあります．これに対して大学は，サービスを提供して，決まった時期に学生から授業料を，政府から補助金を受け取ります．もちろん出版事業で在庫を抱えて，原価計算する部門のある大学もありますが，これは収益事業といって，本体から区別して経理します．また，所得税の課税対象ではなく，消費税も支払わないので（正確にいえば預からないので），税金の計算もシンプルです．つまり，簿記を勉強するといっても，仕訳と勘定記入，勘定から貸借対照表と損益計算書（私大では事業活動収支計算書といいます）が作られていく基本的なプロセスだけを学べば十分なのです．

各種の簿記検定試験3級レベルの本のなかから，仕訳と勘定，決算書の作り方を，項目としては，現金預金，有価証券，貸付金，有形固定資産，借入金，未払金，前受金，受取手数料（これが学生生徒納付金に近い），受取利息，人件費，諸経費，減価償却費，支払利息あたりを，ばらばらと勉強してもらうのがいちばんいいのだと思います．

とはいっても，しっかり身につけるために検定試験を受けるのも有意義です．検定試験は，商業簿記が一般的なので，売上，仕入，繰越商品という勘定が出てきます．商業簿記にとっては，これらの勘定がいちばん重要ですが，大学の計算書には出てきません．それでも，学ぶ範囲を広げて，余裕をもって理解しておくことは，自信となって，きっと役に立つことでしょう．

2 | 3つの計算書, 基本の基本

　財政分析の中心となるのは, 貸借対照表, 事業活動収支計算書, 資金収支計算書という3つの計算書です. ここでは簡単に, 3つの計算書の基本的な性格, いわば「基本の基本」を説明します.

2-1　貸借対照表と事業活動収支計算書

　一般企業だけでなく, 国立大学法人など多くの事業体は, 貸借対照表と損益計算書を決算書として作ります. 学校法人会計基準では, 損益計算書のことを事業活動収支計算書と呼んでいます. この貸借対照表と事業活動収支計算書は, 密接に関係しているので, この2つの計算書から説明します.

　まず貸借対照表です. これがすべての出発点です.

貸借対照表

20XX年3月31日

固定資産	180億円	固定負債	70億円
流動資産	120億円	流動負債	40億円
		負債合計	110億円
		純資産	190億円
資産合計	300億円	負債・純資産合計	300億円

　左側の資産合計300億円と, 右側の負債合計・純資産合計300億円が等しくなっています. この関係は, 資産(財産)があれば, 必ず持ち主がいる, と理解することができます.

　貸借対照表は, 持っている財産, もの, お金, 権利をすべて拾い上げ, 資産として左側に載せます. 一方で, 未払金や借入金などの負債をすべて調べあげ, 右側に載せます. 残りが自分(事業体)がもっている財産で, これを純資産と

いいます.

　資産や負債は, 土地, 現金, 借入金, というように, 具体的に「存在」しています. ところが純資産は,「資産合計−負債合計＝純資産」という計算によって得られる差額です. こうした計算は, 私たちが自分の住宅について「住宅をローンで買った. いくら返済したから, これだけが自分のものになった」ということや,「親から財産を1億円相続した. 借金が7000万円あったから, 自分のものになる純財産は3000万円だけだ」ということと, 同じ考え方です. そう考えると, けっこう身近ですね.

　資産, 負債, それから純資産を毎年計算していると, 純資産が増えている年と減っている年があります. 純資産が増えているのは「商売で利益をあげたから」,「儲かったから」, 純資産が減っているのは「商売で損したから」ということがわかります.

　とはいえ, 企業にしても学校法人にしても, 毎年度末に, 資産, 負債, 純資産を調べて,「こういう資産と負債がある」,「純資産が増えているから利益が出た（はず）」,「純資産が減っているから損失が出た（はず）」と知るだけでは, あまりにもいいかげんです. これでは, 現金の出し入れについての記録も, 固定資産や債権・債務の管理・統制もできません.

　そこで, 複式簿記という便利な方法で, 資産の種類ごとに増加と減少, 負債の種類ごとに増加と減少, 純資産の増加（事業活動収入）, 純資産の減少（事業活動支出）を継続的に記録することにしています. 項目ごとに帳簿を作り, 継続的に記録をしていき, その残高を集めて, 資産, 負債, 純資産の期末の金額を示す貸借対照表を作ります. また純資産を増加させる事実（事業活動収入）, 純資産を減少させる事実（事業活動支出）の残高（合計）を集めると, 純資産の増減の原因がわかる事業活動収支計算書を作成することができます.

　ここで, 複式簿記と計算書の関係について, 基本的なイメージを示します.

　複式簿記では, 資産, 負債, 純資産, 事業活動収入, 事業活動支出の項目ごとに計算場所があって, 増加・減少を記入し, 残高を計算し, その残高を集めて, 貸借対照表と事業活動収支計算書を作ります. 残高は░▓▒□です.

14

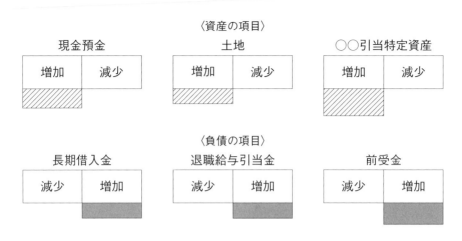

資産，負債の残高を集めて期末の貸借対照表を作ります．純資産自体は変化がなかったとします．

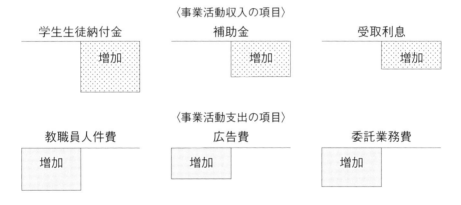

収入，支出の残高を集めて，年度の事業活動収支計算書を作ります．

ここで，2つの計算書の関係を示します．事例は，法政大学です．

貸借対照表と事業活動収支計算書のつながり

2017年度貸借対照表	
資産合計 2180億円	負債合計 305億円
	純資産 1875億円

2018年度貸借対照表	
資産合計 2238億円	負債合計 301億円
	純資産 1937億円 （増加 62億円）

2018年度事業活動収支計算書

事業活動支出 443億円 （事業活動収支差額 62億円）◀	事業活動収入 505億円

一致している

　貸借対照表では，1年間に純資産が62億円増加しています．事業活動収支計算書では，事業活動収入（505億円）から事業活動支出（443億円）を引いた差額＝事業活動収支差額が62億円で，一致しています．

　この差額のことを，一般に，プラスであれば利益，マイナスであれば損失といいます．貸借対照表の純資産の増加額が，事業活動収入と事業活動支出の差額に一致するのは，「資産＝負債＋純資産」という関係を変えないままで，資産，負債，純資産，事業活動収入，事業活動支出の増加・減少を，継続的に複式簿記という方法で記録しているからです．

　貸借対照表の純資産の増減から利益を計算する方法は，資産・負債の有り高からつかまえるので，ストックの計算です．事業活動収支計算書から利益を計算する方法は，1期間に生じた純資産を変化させる要因をつかまえるので，フローの計算です．ストックとフロー，どちらから計算しても，結果は同じになります．重要なのは，2つの計算書は，利益（事業活動収支差額）でつながっている，ということです．

2-2 資金収支計算書

資金収支計算書, 基本の基本

　私大の会計には, もう一つ計算書があります. 資金収支計算書です. この計算書は, 現金の出入り, 収入, 支出を計算します. 身近な学会, 町内会, 労働組合などが作る収支報告書のようなものだと理解してください. でも, 大学は規模が何百億円と大きいので, 町内会や労働組合にたとえれば, 自分の会館を所有して, 借り入れもおこなうといった大規模な団体をイメージしてください. 収入は会費が基本で, 建物をたてるときには借り入れをすることもあります. 支出は, 人件費や維持費を払う, 借入金を返していくといったことです. こうした現金の出入り, お金の流れを, 計算書にまとめたのが資金収支計算書です.

　このお金のことを「支払資金」といいます. 支払資金は, 貸借対照表の現金預金と同じです.

　基本の式は, このようになります.

期首の現金預金 ＋ 収入額 － 支出額 ＝ 期末の現金預金
30　　　　　＋ 250 － 235 ＝　　　 45

　あるいは,

収入額 － 支出額 ＝ 期末の現金預金 － 期首の現金預金
250 － 235 ＝　　　 45　　　 －　　　 30

と書き直すこともできます.

　収入と支出の差額だけ, 手持ちの現金預金が増えたり, 減ったりします.

　計算書の形にすると, 次のようになります. このときの右左は, 貸借対照表で現金預金が左側に載っているので, 増加を左側にしてあります.

資金収支計算書

期首の現金預金	30	人件費・経費支出額	80
会費収入	120	建物取得	150
借入金収入	130	借入金利息支出	5
		期末の現金預金	45
合　計	280	合　計	280

「調整勘定」は期間のずれを調整している

　残念なことに，実際の資金収支計算書は，単純に現金預金（支払資金）の出入りを，資金収入，資金支出として，計算しているのではありません．ですが，前年度繰越支払資金や翌年度繰越支払資金は，現金預金の有り高です．そこで資金収入調整勘定や資金支出調整勘定が必要になります．

資金収支計算書

前年度繰越支払資金	
	資金支出
資金収入	
	資金支出調整勘定±
資金収入調整勘定±	翌年度繰越支払資金

　たとえば，学生生徒等納付金という収入について考えます．①4月には在校生から当年度の授業料が，②3月には新入生の翌年度の授業料が入ってくるとします．①②とも現金が当年度に入ってきますが，②は翌年度の活動のための収入です．そのため，翌年度の資金収支計算書に収入として載ることになりますが，それでは期末の現金預金の有り高の数字が実際とずれてしまいます．そのためこれを「調整勘定」として調整しているのです．

　資金収支計算書を式で示すと，以下の通りになります．

（資金収入±調整勘定）−（資金支出±調整勘定）
＝翌年度繰越支払資金−前年度繰越支払資金

こうした資金収支計算書の性格について，学校法人会計基準第6条は，次の通りに規定しています．

（資金収支計算の目的）
第6条　学校法人は，毎会計年度，当該会計年度の諸活動に対応するすべての収入及び支出の内容並びに当該会計年度における支払資金（現金及びいつでも引き出すことができる預貯金をいう．以下同じ．）の収入及び支出のてん末を明らかにするため，資金収支計算を行なうものとする．

資金収支計算書の目的には，「当該会計年度の諸活動に対応するすべての収入及び支出の内容」と，「当該会計年度における支払資金の収入及び支出のてん末」の2つがあります．1つめの目的の「当該会計年度の諸活動に対応する」は，サービスや財貨の提供に合わせるということです．実際の支払資金（現金預金）の出入りの時期とは一致しなくなります．2つめの目的の「支払資金の収入及び支出のてん末を示す」は，期首の現金預金（前年度繰越支払資金）や期末の現金預金（翌年度繰越支払資金）の金額を示すことです．「調整勘定」は，資金収支計算書が示さなければならない2つの内容を両方とも表示するために必要な調整項目なのです．

こうした収入・支出の計上の仕方は，サービスや財貨の提供時期に合わせており，事業活動収支計算書と同じです．資金収支計算書は，現金の出入りを計算するものですが，その計上時期を事業活動収支計算書と揃えているのです．

それでも資金収支計算書には，現金預金の有り高を示す前年度繰越支払資金や翌年度繰越支払資金が載っています．このままでは，収入支出の計上金額と現金預金の有り高は，合わなくなってしまいます．そこで，これを調整するために，調整勘定が必要となるのです．

調整勘定は，計上する時期のずれを調整しているだけなので，分析をするときには気にする必要はありません．

以下は，活動区分資金収支計算書の末尾に載っている調整勘定の明細書です．

項　　目	資金収支 計算書計上額	教育活動 による資金収支	施設整備等活動 による資金収支	その他の活動 による資金収支
前受金収入	×××	×××	×××	×××
前期末未収入金収入	×××	×××	×××	×××
期末未収入金	△×××	△×××	△×××	△×××
前期末前受金	△×××	△×××	△×××	△×××
（何）	(△)×××	(△)×××	(△)×××	(△)×××
収入計	(△)×××	(△)×××	(△)×××	(△)×××
前期末未払金支払支出	×××	×××	×××	×××
前払金支払支出	×××	×××	×××	×××
期末未払金	△×××	△×××	△×××	△×××
前期末前払金	△×××	△×××	△×××	△×××
（何）	(△)×××	(△)×××	(△)×××	(△)×××
支出計	(△)×××	(△)×××	(△)×××	(△)×××
収入計－支出計	(△)×××	(△)×××	(△)×××	(△)×××

20

コラム | 資金収支計算書の調整勘定について

　調整勘定について気になる人のために，図を使って説明しておきます．まず収入についてです．

　資金収支計算書は，当年度の活動に対応している収入額を載せます．当年度の実際の収入額との間には，①，②，③，④の違いが生じます．①，②，③，④を調整勘定として載せることになります．

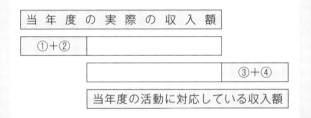

例で説明します．

①　次年度の活動に対応するが，当年度に入金されたもの（前受金収入）

　　例）次年度入学生からの入学金の前受分

②　前年度の活動に対応するが，当年度に入金されたもの（前期末未収入金収入）

　　例）前年度未納だった授業料の当年度入金分

③　当年度の活動に対応するが，前年度に入金されたもの（前期末前受金）

　　例）前年度に受け取り済みの当年度入学生の入学金

④　当年度の活動に対応するが，今年度未収入のもの（期末未収入金）

　　例）当年度の授業料未納分

　次に支出です．資金収支計算書は，当年度の活動に対応している支出額を載せます．当年度の実際の支出額との間には，⑤，⑥，⑦，⑧の違いが生じます．⑤，⑥，⑦，⑧を調整勘定として載せることになります．

```
┌─────────────────────────────────┐
│  当 年 度 の 実 際 の 支 出 額      │
│ ┌───────┬──────────────────┐    │
│ │ ⑤＋⑥ │                  │    │
│ └───────┴──────────────────┘    │
│      ┌──────────────────┬──────┐│
│      │                  │⑦＋⑧ ││
│      └──────────────────┴──────┘│
│   当年度の活動に対応している支出額  │
└─────────────────────────────────┘
```

例を挙げます.

⑤ 次年度の活動に対応するが，当年度に出金されたもの（前払金支払支出）

　例）次年度の経費の前払い分

⑥ 前年度の活動に対応するが，当年度出金されたもの（前期末未払金支払支出）

　例）前年度に未払いだった工事代金の当年度支払分

⑦ 当年度の活動に対応するが，前年度に出金されたもの（前期末前払金）

　例）前年度に支払い済みの当年度の経費の前払い分

⑧ 当年度の活動に対応するが，今年度未出金のもの（期末未払金）

　例）当年度の工事代金のうち未払分

3 | 貸借対照表の分析

　本章と第4章では，「基本の基本」で学んだことを糧<ruby>糧<rt>かて</rt></ruby>として，貸借対照表と事業活動収支計算書の読み方を学びます．基本金はまだ出てきません．第5章で取り上げます．

　ここでは，法政大学がホームページで公開している貸借対照表を使います．24ページの表が「資産の部」（貸借対照表の左側），30ページの表が「負債の部」と「純資産の部」（貸借対照表の右側）です．前年度と今年度の2年分，それと増減額が載っています．

　まず，「資産の部合計」と「負債及び純資産の部合計」が，同じであることを確認します．2019年3月末の本年度は，資産の部合計も負債及び純資産の部合計も，2238億円です．前年度は2180億円でしたから，資産合計も負債・純資産合計も，58億円の増加です．この貸借対照表の左側と右側それぞれの合計額は，学校法人法政大学と設置する学校全体の財産規模，ストックとしての財政規模を示します．

3-1　資産をながめる

　2019年3月末の資産は，固定資産は1982億円，うち有形固定資産が1412億円，特定資産が420億円，その他の固定資産が150億円です．流動資産は255億円です．有形固定資産が，資産合計全体の63％を占めています．

　固定資産は現金に換えにくい資産，流動資産は現金に換えやすい資産のことです．有形固定資産は，土地，建物，構築物，機器備品，図書など目に見える財産で，固定資産の典型的なものです．特定資産は，私立学校に特有な区分です．その内容は金融資産ですから，有価証券や現金預金にするべきです．

貸 借 対 照 表

2019（平成31）年 3 月31日

（単位：百万円）

資 産 の 部			
科　　　目	本年度末	前年度末	増　　減
固定資産	198,226	194,122	4,104
有形固定資産	141,206	137,264	3,942
土地	40,733	39,113	1,619
建物	84,495	80,642	3,853
構築物	3,140	3,317	△177
教育研究用機器備品	3,882	4,086	△204
管理用機器備品	203	199	5
図書	8,683	8,620	62
航空機	43	0	43
建設仮勘定	27	1,287	△1,260
特定資産	41,970	43,943	△1,973
退職給与引当特定資産	6,735	6,425	310
教学改革引当特定資産	7,792	7,769	23
付属中高一貫教育引当特定資産	26	26	0
後援会学生・教育支援引当特定資産	129	114	15
減価償却引当特定資産	11,285	13,637	△2,353
第 3 号基本金引当特定資産	16,004	15,972	32
その他の固定資産	15,050	12,914	2,136
電話加入権	21	21	0
施設利用権	66	70	△5
教育研究用ソフトウェア	224	276	△52
管理用ソフトウェア	12	15	△4
排出量クレジット	3	3	0
有価証券	14,166	11,966	2,200
収益事業元入金	520	520	0
長期貸付金	14	18	△4
保証金	26	26	0
流動資産	25,527	23,836	1,691
現金預金	10,784	8,505	2,279
未収入金	556	999	△443
教材	20	19	1
貯蔵品	11	15	△4
短期貸付金	0	1	△1
有価証券	14,100	14,200	△100
前払金	52	95	△43
立替金	2	0	1
供託金	2	2	0
資 産 の 部 合 計	223,753	217,958	5,795

有形固定資産の増減と減価償却

　固定資産のうち有形固定資産は，前年度よりも39億4200万円増加しています．土地は，16億1900万円増加しました．土地は価値が減らないとされ，減価償却（後述）をしないため，その増加額とは，新規に取得した金額と売却処分された金額との差額です．建物は38億5300万円増加しましたが，構築物と教育研究用機器備品は合わせて3億8100万円の減少です．建物，構築物，備品は，新たに購入した増加分と，除却や廃棄のほかに減価償却による減少分の差額が増減です．

　図書は6200万円増加しています．大学では，図書は価値が減らないとされ，減価償却しません．増加額が大きくないのは，図書の廃棄があったからでしょう．航空機4300万円は新規購入です．建設仮勘定は，12億6000万円の減少です．これは，未完成の施設について，完成するまでに支出された金額を載せておき，完成したら，該当する項目に移すものです．未完成工事が減っていることを意味します．

　本年度の減価償却額は53億7300万円（事業活動収支計算書から）ですから，大雑把に見れば，有形固定資産は，39億4200万円増えたのではなく，合計した93億1500万円が増加したことになります．

減価償却について

　ここで減価償却について，簡単に説明しておきます．

● 10億円で建物を建設するとします．資産である現金が10億円減って，資産である建物が10億円増えます．ここまでは，貸借対照表の資産内容が変わるだけです．

● 建物の耐用年数が50年間とすると，毎年2000万円ずつ，貸借対照表の資産である建物の金額が減らされます．この手続きが減価償却です．取得した金額から，減価償却の累計額を引いた金額を，簿価といいます．

● 事業活動収支計算書には，事業活動支出として，毎年2000万円の減価償却額が計上されていきます．支出といっても，このときに2000万円の現金が出ていくのではありません．建物を取得したときに現金が支出される時期と，事業活動支出として減価償却額が計上される時期が，ずれています．

●建物は，耐用年数が終わる前に撤去される場合もあるし，耐用年数が終わっても使用されている場合もあります．

　減価償却とは，長期に使用する施設・設備に支出された金額を，使用期間にわたって少しずつ減額して，その減額を事業活動支出として，採算の計算に反映させるための手続きです．建て替えのためのお金を貯めるための手続きではありません（42ページ）.

特定資産は金融資産です

　次は特定資産です．特定資産の財産の形は金融資産です．金融資産とは，現金・預金や有価証券（社債，国債，株式，投資信託，保険証券）のことです．私立大学の会計の特質は，金融資産を示す項目が「現金預金」や「有価証券」だけではなく，特定資産という項目がすべて金融資産であることです．

　特定資産は，たとえば退職給与引当特定資産といったように，使い道が示されています．つまり○○に使用するためにとっておいている金融資産という意味です．特定資産のうち，学校法人会計基準に定めがあるのは，第2号基本金引当特定資産と第3号基本金引当特定資産だけです．ほかの特定資産は任意です．つまり「勝手」ということです．

　上から順に見ると，退職給与引当特定資産は67億3500万円です．この金額は，負債のなかの退職給与引当金のおおむね半分です．退職給与引当金は，もし期末にすべての教職員が退職したら支払うことになる金額です．教職員全員が退職することなど，実際にはありえません．退職給与引当特定資産を設けるか設けないか，設けるならいくら積み立てるかは，それぞれの大学に任されています．後で，負債のところで補足します．

　教学改革引当特定資産，付属中高一貫教育引当特定資産，後援会学生・教育支援引当特定資産の合計79億4700万円は，使途が明記されているように見えますが，いつ，具体的に何に使うかは，明らかではありません．何を基準に積み立てているかが，決まっている大学と決まっていない大学とがあります．

　減価償却引当特定資産も，112億8500万円と多額です．減価償却引当特定資産は，建て替えのための積み立てをしているように見えますが，減価償却は有形固定資産の価値を少しずつ減らして，儲けや損という採算を計算していくた

めの手続きであって，建て替えのためのお金を用意しているわけではありません．もし施設の更新に使うための金融資産を積もうと使途を特定するのであれば，これに見合う「施設更新引当特定資産」とでもするべきです．

　第3号基本金引当特定資産160億円は，研究基金や奨学基金として，学校法人会計基準が定める第3号基本金に対応する金融資産の積立です．

　法政大学には，第2号基本金引当特定資産はありません．これは，機関決定された施設整備計画がないことを意味します．

　特定資産のポイントは，くり返しになりますが，第2号基本金引当特定資産と第3号基本金引当特定資産は，機関で決定した計画があるものです．ほかの引当特定資産は，任意ですから，それぞれの引当特定資産を減らすことも増やすこともできますし，極端にいえば，積み立てをしなくてもかまわないのです．

　以前，教職員の待遇が決して良好ではないある大学で，「教職員福利厚生引当特定資産」が設定されているのを見たことがあります．その後，待遇が改善されたかどうかは不明ですが，○○引当特定資産の○○は，金融資産をともかく積み立てるための「言い訳」のようなところがあります．

　特定資産は，439億4300万円から419億7000万円に19億7300万円減りました．減価償却引当特定資産が23億5300万円減ったのが原因です．

その他の固定資産

　その他の固定資産150億5000万円のうち，最多は有価証券141億6600万円です．22億円増加しました．流動資産のなかにも有価証券がありますが，長期に保有するものが「その他の固定資産」とされ，一時的に保有するものが「流動資産」とされます．一般に，長期にわたって運用されている金融資産のなかには，元本が保証されていないもの，含み損を抱えているものもあるので，注意が必要です．

　事例大学には，購入したソフトウェアや，大学には珍しい排出量クレジットといった無形固定資産があります．また教育研究とは区別される収益事業（利益を目的とした事業）をおこなっており，収益事業元入金が5億2000万円あります．内容は，収益事業に使用されている土地です．収益事業については，本体とは区別して，別の決算書が作成されています（120〜121ページ）．

流動資産は，現金預金をはじめ現金に換わりやすい資産

　流動資産は，現金預金107億8400万円と，有価証券141億円が主です．現金預金は前年度に比べて22億7900万円増加しました．ほかは，ほどなく現金になるはずの未収金5億5600万円などです．

大学の資産は，施設・設備・図書と金融資産がほとんど

　ここで大学の資産を，性質別にまとめてみましょう．2238億円の資産のうち，施設・設備・図書からなる有形固定資産が1412億円で資産全体の63%です．特定資産，その他の固定資産，流動資産は，多くを現金預金，有価証券といった金融資産が占めています．これら金融資産を以下の算式で合計します．

金融資産＝各種引当特定資産＋有価証券＋現金預金

　この算式を法政大学にあてはめて，金融資産の一覧表を作ると，次のようになります．金融資産の額は，810億2000万円になります．

法政大学の金融資産（2018年度末）

（単位：百万円）

各種引当特定資産	41,970
退職給与引当特定資産	6,735
教学改革引当特定資産	7,792
付属中高一貫教育引当特定資産	26
後援会学生・教育支援引当特定資産	129
減価償却引当特定資産	11,285
第3号基本金引当特定資産	16,004
有価証券	28,266
現金預金	10,784
金融資産の合計	81,020

　大学の財産は，ほとんどが施設・設備・図書（有形固定資産）と金融資産から成っています．そこで資産を，有形固定資産，金融資産，その他の資産に分

けてみます．資産合計を100として，構成比も出してみます．

（億円）

	2017年度末	（％）	2018年度末	（％）	差額
有形固定資産	1373	63.0	1412	63.1	39
金融資産	786	36.0	810	36.2	24
その他の資産	21	1.0	16	0.7	− 5
資産合計	2180	100	2238	100	58

　ここ1年間で，資産全体が58億円増えて，有形固定資産が39億円，金融資産が24億円，それぞれ増えました．

3-2　右側は負債と純資産

負債は利子つきか無利子かに注目

　貸借対照表の右側は，ひらたくいえば資産の「持ち主」，お金の出し手，きちんとした言い方をすれば調達源泉を示します．調達源泉は，大きくいうと，負債と純資産の2つに分けられます．他人（外部）のものか，自分（大学）のものかということです．

　30ページを見てください．負債は301億200万円，そのうち固定負債は196億6000万円，流動負債は104億4200万円です．固定負債とは，支払いまでに，たとえば1年以上の長期間かかる負債，流動負債は早く支払期限の来る負債です．

　固定負債は，長期借入金52億8100万円，退職給与引当金132億1800万円が主なものです．このうち退職給与引当金は，負債とはいっても，退職時期がはっきりしていないのですから，見込みで計上しています．文科省が2011年の通知で，年度末に在籍する教職員がすべて退職した場合の退職金の全額を計上するという基準（100％基準）に変えたので，その年の利益である事業活動収支差額がマイナスになった大学が続出しました．

　100％基準と同額以上の金融資産をもっていれば，たとえ大学が解散になった場合でも，売却できる不動産がなくても，退職金を支払うことができます．

貸 借 対 照 表

2019（平成31）年 3 月31日

（単位：百万円）

負 債 の 部

科　　　目	本年度末	前年度末	増　　減
固定負債	19,660	20,277	△617
長期借入金	5,281	5,784	△502
長期未払金	1,161	1,303	△142
退職給与引当金	13,218	13,191	27
流動負債	10,442	10,191	251
短期借入金	502	502	△0
未払金	2,058	1,763	295
前受金	6,956	7,040	△83
預り金	926	886	40
負 債 の 部 合 計	30,102	30,469	△366

純 資 産 の 部

科　　　目	本年度末	前年度末	増　　減
基本金	244,271	238,506	5,765
第 1 号基本金	224,995	219,284	5,711
第 3 号基本金	16,004	15,972	32
第 4 号基本金	3,272	3,250	22
繰越収支差額	△50,621	△51,017	397
翌年度繰越収支差額合計	△50,621	△51,017	397
純 資 産 の 部 合 計	193,650	187,489	6,162
負債及び純資産の部合計	223,753	217,958	5,795

退職給与引当特定資産という名の資産である必要はありません.

　長期未払金11億6100万円，流動負債にも未払金が20億5800万円あります．財産目録によれば，機器リース等に対する未払金とのことです.

　流動負債には，短期借入金 5 億200万円があります．短期借入金には，もともと返済期限が 1 年以内に設定された借入金と，長期借入金の返済が 1 年以内となった金額とが合算されています．この大学の場合，長期借入金の減少額が 5 億200万円ですので，短期借入金は，長期借入金の 1 年以内の返済額だとわかります.

　前受金は69億5600万円，これは 3 月までに受け取った新入生の入学金や授業料です．前受金は，大学のような教育研究事業にとって，対価を早々と受け取ることができるので，資金繰りを楽にしてくれます.

負債には，借入金のように利子つきのものと，未払金，前受金，預り金のように無利子のものがあります．有利子は負担ですが，無利子の負債は，ありがたい資金提供と考えることができます．負債といっても「利子のない良い負債」と「利子のある普通の負債」とがあるのです．この区別は大切です．

「資本金と利益の内部留保」が純資産

純資産は，基本金と繰越収支差額から成っています．基本金組み入れ制度は独特です．後述しますが，大きな見方をすれば，純資産とは，大学を創立したときの最初の元入れ（寄付）と，その後の事業活動収支差額（利益）の累積額です．企業の会計でいえば，資本金と，利益の内部留保です．

利益があがり，純資産が増えていきます．大学は，所得税の支払いはなく，配当支払いもないので，利益の内部留保が増えています．多額の内部留保が蓄積されていることは，世の中の大企業で起きていることと同じです．

負債と純資産から見る財政の良し悪し

負債・純資産については，有利子負債，無利子負債，純資産に分けます．

（億円）

	2017年度末	（％）	2018年度末	（％）	差額
負債合計	305	14.0	301	13.4	−4
有利子負債	63	2.9	58	2.6	−5
無利子負債	242	11.1	243	10.9	1
純資産	1875	86.0	1937	86.6	62
負債及び純資産	2180	100	2238	100	58

2018年度末の負債合計は301億円で，負債及び純資産2238億円の13.4％です．小さいですね．有利子負債は58億円しかなく，わずか2.6％です．金融資産は810億円，現金預金だけでも108億円ですから，有利子負債58億円は直ちに返済できます．実質的には無借金です．

純資産は1937億円で，負債及び純資産2238億円の86.6％です．

純資産は，１年間で62億円増えています．これがこの年の儲け，利益です．この62億円は，事業活動収支計算書でも計算します．

　負債が少ないうえ，有利子負債が減っています．純資産は８割を超えていて，増えています．無借金の財政が，さらに良くなっている，文句なしの優良な財政状態です．こうした財政状態は，大規模私大では一般的ですが，中小規模の私大でも，実質的に無借金，あるいは有利子負債を急激に返済している大学が多く見られます．

3-3　１年間に施設整備と貯めこみが進んだ

　資産および負債・純資産合計は58億円増加しました．内訳は，有形固定資産が39億円の増，金融資産が24億円の増などです．負債・純資産合計は，有利子負債をはじめとして負債が４億円減って，純資産が62億円増えました．

　事例大学では施設整備が進んでいますが，私大では，施設・設備の整備が減価償却額の範囲内でおこなわれ，簿価が減少している例が多く見られます．また，利益が出ずに純資産が減っていても，有形固定資産が減って，有利子負債が減っている，あるいは金融資産が増えている大学が多くあります．

　全体として，私立大学では，金融資産の貯めこみが進み，財政状態は安定度を増しているのです．

4 | 事業活動収支計算書の分析

4-1　事業活動収支計算書とは

　事業活動収支計算書は，利益にあたる事業活動収支差額を算定するための計算書です．

　事業活動収支差額は，事業活動収入と事業活動支出との差額です．そして貸借対照表の純資産額の増減額です．

　事業活動収支差額は，黒字か赤字かという採算を示す金額です．儲かったか，損したかです．貸借対照表との関係でいえば，大学のものといえる純資産額が増えれば儲け，減れば損なのです．貸借対照表と事業活動収支計算書とは，純資産の増加，事業活動収支差額（利益）の計算によってつながっています．

　本章も，貸借対照表についての第3章と同じように，基本金組み入れを取り上げません．事例として法政大学を取り上げましたが，基本金の組み入れの部分は載せていません．

　損益計算書にあたる私大の事業活動収支計算書は，事業活動収入と事業活動支出を，次の図表のように3つに区分しています．それぞれで収支差額を計算しています．3つの区分の内容や収支差額の性格を，本章で確認しましょう．

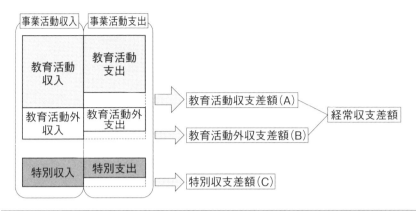

教育活動収支差額(A)＋教育活動外収支差額(B)＋特別収支差額(C)＝事業活動収支差額

事業活動収入－事業活動支出＝事業活動収支差額

4-2　予算，決算とその差額が載っている

　法政大学の事業活動収支計算書には，学校法人会計基準の様式に従って，予算，決算，差異の順に載っています．

　予算と決算との違いについて，大きなところを見てみましょう（40ページ参照）．事業活動収入は，予算で491億円でしたが，決算では505億円で，予算より14億円多い収入がありました．事業活動支出は，予算では461億円でしたが，決算では443億円で，予算より18億円少ない支出でした．この結果，儲けにあたる事業活動収支差額は，予算では30億円でしたが，決算では62億円で，2倍強です．このように，予算は収入を少なめに，支出を多めに，作成されているようです．

　以下では，予算ではなく，決算について見ていくことにします．

4-3　教育活動収支では，学生生徒等納付金，人件費，減価償却額，収支差額に注目

　教育活動収入は，「事業活動収入の部」に，学生生徒等納付金，手数料，寄付金，経常費等補助金，付随事業収入，雑収入の順に載っています．教育活動

事業活動収支計算書（2018年度）　教育活動収支

（単位：百万円）

		科　　　　　　目	予　　算	決　　算	差　　異
教育活動収支	事業活動収入の部	学生生徒等納付金	39,975	40,227	△251
		授業料	36,218	36,498	△280
		入学金	2,403	2,455	△53
		実験実習料	1,354	1,273	81
		手数料	3,350	3,673	△323
		入学検定料	3,288	3,609	△321
		試験料	35	37	△2
		大学入試センター試験実施手数料	9	9	0
		証明手数料	18	18	1
		寄付金	386	394	△7
		特別寄付金	361	329	32
		一般寄付金	25	50	△25
		現物寄付金	0	15	△15
		経常費等補助金	3,873	4,401	△528
		国庫補助金	2,612	3,070	△457
		地方公共団体補助金	1,201	1,330	△69
		学術研究振興資金	0	1	△1
		若手・女性研究者奨励金	0	0	0
		付随事業収入	343	515	△173
		補助活動収入	30	13	18
		課外講座収入	122	102	20
		受託事業収入	188	384	△196
		その他事業収入	2	16	△14
		雑収入	806	788	18
		私立大学退職金財団交付金	499	355	144
		研究関連収入	104	106	△2
		施設設備利用料	156	239	△83
		その他の雑収入	48	88	△40
		教育活動収入計	48,733	49,997	△1,264
		科　　　　　　目	予　　算	決　　算	差　　異
	事業活動支出の部	人件費	26,685	25,996	690
		教員人件費	18,054	17,907	146
		職員人件費	7,615	7,292	323
		役員報酬	79	73	6
		退職給与引当金繰入額	937	723	214

<table>
<tr><td rowspan="36">教育活動収支</td><td rowspan="32">事業活動支出の部</td><td colspan="2">教育研究経費</td><td align="right">16,538</td><td align="right">15,809</td><td align="right">730</td></tr>
<tr><td></td><td>図書資料費</td><td align="right">632</td><td align="right">642</td><td align="right">△10</td></tr>
<tr><td></td><td>消耗品費</td><td align="right">1,101</td><td align="right">1,053</td><td align="right">48</td></tr>
<tr><td></td><td>修繕費</td><td align="right">745</td><td align="right">518</td><td align="right">227</td></tr>
<tr><td></td><td>光熱水費</td><td align="right">987</td><td align="right">901</td><td align="right">86</td></tr>
<tr><td></td><td>旅費交通費</td><td align="right">308</td><td align="right">325</td><td align="right">△17</td></tr>
<tr><td></td><td>補助費</td><td align="right">326</td><td align="right">310</td><td align="right">16</td></tr>
<tr><td></td><td>通信費</td><td align="right">153</td><td align="right">134</td><td align="right">19</td></tr>
<tr><td></td><td>委託計算費</td><td align="right">130</td><td align="right">128</td><td align="right">1</td></tr>
<tr><td></td><td>委託業務費</td><td align="right">5,408</td><td align="right">5,070</td><td align="right">338</td></tr>
<tr><td></td><td>賃借費</td><td align="right">161</td><td align="right">217</td><td align="right">△56</td></tr>
<tr><td></td><td>奨学費</td><td align="right">1,157</td><td align="right">1,105</td><td align="right">52</td></tr>
<tr><td></td><td>損害保険料</td><td align="right">47</td><td align="right">39</td><td align="right">7</td></tr>
<tr><td></td><td>福利費</td><td align="right">47</td><td align="right">41</td><td align="right">5</td></tr>
<tr><td></td><td>諸費</td><td align="right">306</td><td align="right">330</td><td align="right">△24</td></tr>
<tr><td></td><td>減価償却額</td><td align="right">5,030</td><td align="right">4,993</td><td align="right">37</td></tr>
<tr><td colspan="2">管理経費</td><td align="right">2,194</td><td align="right">2,226</td><td align="right">△31</td></tr>
<tr><td></td><td>消耗品費</td><td align="right">196</td><td align="right">164</td><td align="right">33</td></tr>
<tr><td></td><td>修繕費</td><td align="right">78</td><td align="right">61</td><td align="right">17</td></tr>
<tr><td></td><td>光熱水費</td><td align="right">62</td><td align="right">60</td><td align="right">2</td></tr>
<tr><td></td><td>旅費交通費</td><td align="right">56</td><td align="right">53</td><td align="right">3</td></tr>
<tr><td></td><td>通信費</td><td align="right">63</td><td align="right">72</td><td align="right">△9</td></tr>
<tr><td></td><td>委託計算費</td><td align="right">19</td><td align="right">7</td><td align="right">12</td></tr>
<tr><td></td><td>委託業務費</td><td align="right">811</td><td align="right">797</td><td align="right">14</td></tr>
<tr><td></td><td>賃借費</td><td align="right">36</td><td align="right">34</td><td align="right">2</td></tr>
<tr><td></td><td>損害保険料</td><td align="right">2</td><td align="right">1</td><td align="right">0</td></tr>
<tr><td></td><td>福利費</td><td align="right">32</td><td align="right">32</td><td align="right">0</td></tr>
<tr><td></td><td>広告費</td><td align="right">122</td><td align="right">153</td><td align="right">△31</td></tr>
<tr><td></td><td>私立大学等経常費補助金返還金</td><td align="right">0</td><td align="right">18</td><td align="right">△18</td></tr>
<tr><td></td><td>諸費</td><td align="right">375</td><td align="right">395</td><td align="right">△21</td></tr>
<tr><td></td><td>減価償却額</td><td align="right">343</td><td align="right">380</td><td align="right">△37</td></tr>
<tr><td colspan="2">徴収不能額等</td><td align="right">0</td><td align="right">1</td><td align="right">△1</td></tr>
<tr><td colspan="2">徴収不能額</td><td align="right">0</td><td align="right">1</td><td align="right">△1</td></tr>
<tr><td colspan="3">教育活動支出計</td><td align="right">45,418</td><td align="right">44,031</td><td align="right">1,387</td></tr>
<tr><td colspan="3">教育活動収支差額</td><td align="right">3,315</td><td align="right">5,967</td><td align="right">△2,651</td></tr>
</table>

には，研究活動も含まれます．

　教育活動収入のうち最も重要な収入である学生生徒等納付金は，402億2700万円でした．手数料は36億7300万円，寄付金は3億9400万円，経常費等補助金は44億100万円，付随事業収入は5億1500万円，雑収入は7億8800万円です．

教育活動収入の合計は499億9700万円でした．

　教育活動支出は，人件費259億9600万円，教育研究経費158億900万円，管理経費22億2600万円などです．教育研究経費と管理経費のなかのそれぞれに，減価償却額があります．減価償却額は合計すると53億7300万円です．減価償却額は，建物，構築物，備品を購入したときに支出があって，その金額を少しずつ事業活動収支計算書に載せていくことで，儲けや損，つまり採算を計算するための手続きです．減価償却額の特徴は，ほかの項目と異なり，現金が出て行かないことです．教育活動支出の合計は，440億3100万円でした．

　教育活動収支差額は，59億6700万円です．ここでは，教育活動収入に占める教育活動収支差額の割合を計算してみましょう．

教育活動収支差額 ÷ 教育活動収入計 ＝ 教育活動収支差額比率
　59億6700万円　　÷　499億9700万円　＝　　　11.9%

　この教育活動収支差額比率は，一般企業でいえば，おおむね売上高営業利益率にあたります．

4-4　教育活動外収支差額と経常収支差額

　次に，教育活動外収支を見てみます（38ページ）．教育活動外収入は，受取利息・配当金3億4100万円，その他の教育活動収入（収益事業収入）は3100万円です．教育外収入合計は3億7200万円です．

　教育活動外支出は，借入金等利息が4200万円です．教育活動外収支差額は3億3000万円です．低金利の時代なので，それほど当てにできる収入ではありません．

　教育活動収支差額と教育活動外収支差額の合計を，経常収支差額と呼びます．62億9700万円です．なお予算では36億2400万円でした．

事業活動収支計算書（2018年度）　教育活動外収支

		科　目	予　算	決　算	差　異
教育活動外収支	事業活動収入の部	受取利息・配当金	319	341	△22
		第3号基本金引当特定資産運用収入	163	165	△2
		その他の受取利息・配当金	156	176	△20
		その他の教育活動外収入	32	31	0
		収益事業収入	32	31	0
		教育活動外収入計	351	372	△21
	事業活動支出の部	科　目	予　算	決　算	差　異
		借入金等利息	42	42	0
		借入金等利息	42	42	0
		その他の教育活動外支出	0	0	0
		教育活動外支出計	42	42	0
	教育活動外収支差額		309	330	△21
経常収支差額			3,624	6,297	△2,673

4-5　特別収支，施設設備についての収入は教育収入に移すべき

　39ページは特別収支です．特別収入は，資産売却差額と，その他の特別収入とに分かれています．資産売却差額とは，土地，有価証券，建物などの資産を売却したときに，貸借対照表に載っている金額（簿価）よりも高く売れたときの差額，差益です．資産売却差額は1200万円です．

　その他の特別収入は，施設設備寄付金，現物寄付，施設設備補助金といった施設設備整備に使う収入と，過年度修正額が載っています．この区分については，賛成できかねることがあります．施設設備整備に使う収入は，教育活動に関わる収入ですので，特別収入ではなく，教育活動収入のところに載せるべきです．教育活動収支には減価償却額という，施設設備に支出された項目がありますので，それに整合させる意味でも，教育活動収入に移すべきです．他方，過年度修正額は，過去の修正額なので，特別収支の部にふさわしい項目です．その他の特別収入は，9200万円です．

事業活動収支計算書（2018年度）　特別収支

（単位：百万円）

		科　目	予　算	決　算	差　異
特別収支	事業活動収入の部	資産売却差額	5	12	△7
		土地売却差額	0	7	△7
		建物売却差額	5	5	0
		構築物売却差額	0	0	0
		その他の特別収入	3	92	△89
		施設設備寄付金	0	2	△2
		現物寄付	0	44	△44
		施設設備補助金	3	41	△38
		過年度修正額	0	6	△6
		特別収入計	8	104	△96
		科　目	予　算	決　算	差　異
	事業活動支出の部	資産処分差額	184	230	△46
		土地処分差額	166	166	0
		建物処分差額	18	18	0
		教研機器備品処分差額	0	18	△18
		管理用機器備品処分差額	0	1	△1
		図書処分差額	0	27	△27
		その他の特別支出	0	9	△9
		過年度修正額	0	9	△9
		特別支出計	184	239	△55
		特別収支差額	△177	△135	△41
〔予　備　費〕			(28) 472		472

　特別支出は，資産処分差額と，その他の特別支出とに分かれています．資産処分差額は，土地，有価証券，建物などを売却した金額が貸借対照表の金額よりも低かった差額（差損）と，売却をせずに除却した貸借対照表の金額，除却にかかった支出額（除却損，廃棄損）が載っています．資産処分差額は2億3000万円です．

　特別収入から特別支出を引き算した特別収支差額は，マイナス1億3500万円です．

4-6　事業活動収支計算書の結論にあたるのが
　　事業活動収支差額，つまり利益

事業活動収支計算書（2018年度）　事業活動収支差額

（単位：百万円）

科　　　　　　目	予　　算	決　　算	差　　異
事業活動収支差額	2,976	6,162	△3,186
（参考）			
事業活動収入計	49,092	50,473	△1,381
事業活動支出計	46,116	44,311	1,805

　このように事業活動収支計算書は，事業活動収入と事業活動支出をそれぞれ区分して，そのつど，収支差額を出します．教育活動収支差額と教育外活動収支差額を合計して，経常収支差額を計算します．この経常収支差額と特別収支差額を合計した金額が，事業活動収支差額です．

　また，計算書のいちばん下に，事業活動収入額の合計や，事業活動支出額の合計も載っています．これは，全体の事業規模を示す重要な金額です．事業活動収入額から事業活動支出額を引き算した金額も，事業活動収支差額です．

　事例の事業活動収支差額は61億6200万円，これは貸借対照表の純資産の増加額と一致しています．事業活動収入計は504億7300万円，事業活動支出計は443億1100万円です．事業活動収入計504億7300万円に対する事業活動収支差額61億6200万円の割合は，12.2％です．これは，一般企業の売上高利益率にあたります．大学は非課税ですから，より正確には，売上高税引後当期利益率です．この12.2％はかなり高いです．

　なお，実際の事業活動収支計算書には，「基本金組入前当年度収支差額」があって，この金額が事業活動収支差額にあたります．残念なことに，「事業活動収支差額」とは明記されていません．ところが「事業活動収支差額」という呼び方が広く普及しており，文科省も公的に使っています．事業活動収支計算書の基本的な役割は，事業活動収入と事業活動支出の差額，採算を算定することですから，事業活動収入と事業活動支出の差額を「事業活動収支差額」として堂々と明記するべきです．

4-7　事業活動収支差額に減価償却額をプラスした資金余剰額を計算する

　事業活動収支差額は採算を示します．では，採算がマイナスであれば，「お金が足りなくなって危ない」のでしょうか．そんなことはありません．

　事業活動支出のなかには，減価償却額という，現金支出がない項目があります．そこで，事業活動収支差額に減価償却額をプラスした「資金余剰額」を計算すると，資金が足りないか，余っているかを見ることができます．

事業活動収支差額＋減価償却額（教育研究経費）＋減価償却額（管理経費）

　　＝　資金余剰額

　61億6200万円　＋　　　　49億9300万円　　　＋　　　3億8000万円

　　＝115億3500万円

　1年間に使えるお金は，115億円です．この資金余剰額を，「第2の利益」と呼んだ人もいます．会計学では，利益は採算がとれた金額で，純資産の増加額ですから，「第2の利益」というのは間違いですが，実際の世界ではお金の流れが重要ですから，使えるお金の金額の概算である資金余剰額は，利益の額以上に，意味をもっています．お金の流れは，第6章の活動区分資金収支計算書でも，確かめることができます．

減価償却間違いテスト

　減価償却については，基本的なことを説明したので，ここでは「間違った言われ方」，勘違いを示し，正します．

問　減価償却は，建て替えのためのお金を貯めこむための手続きである．○でしょうか，×でしょうか？

　正解は×です．

　減価償却は，利益（事業活動収支差額）を計算するための手続きです．建物や設備を取得したときに現金が支出されていて，減価償却額として計上される時期に支出があるわけではないので，「お金が残る」ように見えるだけです．

　ある年度に現金が「残る金額」は，減価償却額の金額から決まるわけではありません．事業活動支出のなかには現金支出のあるものと現金支出のない減価償却額とがあります．「残る金額」は事業活動収入−現金支出のある事業活動支出です．つまり減価償却額の多寡にかかわらず，「残る金額」は決まっているのです．この式は事業活動収入−（事業活動支出−減価償却額）ですから，事業活動収支差額＋減価償却額という資金余剰額の計算式（41ページ）と同じです．

　それでも減価償却額は，「建て替えのためのお金を貯めこむために計上しているのだ」と主張する人には，「ならばどうして，減価償却累計額に当たるお金が貯まっていないのですか？　それって，流用したってことですか？」と逆質問してみてください．

　過去の施設設備支出額や減価償却額と，今後の施設設備のための資金の確保とは，別の事柄です．

5 基本金組み入れ制度を学ぶ

5-1 基本金とは何か

事業活動収支計算書と貸借対照表に載っている基本金

　第3章と第4章では，基本金をひとまず無視して，貸借対照表と事業活動収支計算書の見方を学びました．本章では，私立学校に特有の，基本金とその組み入れ制度について学びます．

　基本金とは何でしょうか．大雑把なイメージとしては，企業の資本金のようなものです．わかりやすいのは，学校法人を設立したときに，篤志家や支援者が寄付をした金額，つまり元手です．しかし，私大の基本金はそれだけではありません．毎年，組み入れられて，増えていきます．しかも，組み入れると不足額が表示される大学が多くあります．この基本金組み入れの意味がわからないという声が多く聞かれます．

　まず，基本金がどこにどのように載っているか，から見てみましょう．事業活動収支計算書が，組み入れの現場です．第4章では，事業活動収支差額を出したところで，事業活動収支計算書は終わっていました．しかし実際の事業活動収支計算書では，事業活動収支差額が「基本金組入前当年度収支差額」と表記され，その続きがあります．

事業活動収支計算書（2018年度）

（百万円）

基本金組入前当年度収支差額	6,162
基本金組入額合計	−5,765
当年度収支差額	397
前年度繰越収支差額	−51,017
基本金取崩額	0
翌年度繰越収支差額	−50,621

←事業活動収支差額

　ここは前半と後半の２つの部分から成っています．前半は，当年度に関する部分で，基本金組入前当年度収支差額，基本金組入額合計，当年度収支差額までです．後半は，事業活動収支計算書の結果から，貸借対照表の表示を説明する部分です．前年度繰越収支差額から翌年度繰越収支差額までです．

　金額で確認します．第４章までの事業活動収支差額にあたる基本金組入前当年度収支差額は，61億6200万円です．ここから57億6500万円の基本金を組み入れています．その結果，当年度収支差額は３億9700万円のプラスになっています．

　ここで組み入れた基本金57億6500万円は，貸借対照表の純資産にある基本金の増減欄から，第１号基本金57億1100万円，第３号基本金3200万円，第４号基本金2200万円の組み入れの合計であることがわかります．

　後半の前年度繰越収支差額510億1700万円は，貸借対照表の2017年度の繰越収支差額です．事業活動収支計算書の当年度収支差額が３億9700万円のプラスだったので，翌年度繰越収支差額は506億2100万円です．この翌年度繰越収支差額506億2100万円は，貸借対照表の2018年度の繰越収支差額です．

貸借対照表

（百万円）

	2017年度末	2018年度末	差　　額
第１号基本金	219,284	224,995	5,711
第３号基本金	15,972	16,004	32
第４号基本金	3,250	3,272	22

基本金合計	238,506	244,271	5,765
繰越収支差額	−51,017	−50,621	397
翌年度繰越収支差額合計	−51,017	−50,621	397
純資産の部合計	187,489	193,650	6,162

学校法人会計基準が定める基本金

　学校法人会計基準は，基本金について，次のように定めています．

（基本金）

第29条　学校法人が，その諸活動の計画に基づき必要な資産を継続的に保持するために維持すべきものとして，その事業活動収入のうちから組み入れた金額を基本金とする．

　この「諸活動の計画に基づき必要な資産を継続的に保持するために維持すべきもの」については，これ以上説明がありません．

　事業活動収支計算書の箇所では，基本金組み入れ後の金額について，次の通り述べられています．

（事業活動収支計算の目的）

第15条　学校法人は，毎会計年度，当該会計年度の次に掲げる活動に対応する事業活動収入及び事業活動支出の内容を明らかにするとともに，当該会計年度において第29条及び第30条の規定により基本金に組み入れる額（以下，「基本金組入額」という）を控除した当該会計年度の諸活動に対応する全ての事業活動収入及び事業活動支出の均衡の状態を明らかにするため，事業活動収支計算を行うものとする．

　「事業活動収入及び事業活動支出の均衡の状態を明らかにする」は，何と何とのどのような均衡なのかについて，言及はありません．

基本金組み入れの仕方，金額の決め方は，以下に示す通り指示されていますが，なぜその金額を基本金として組み入れる必要があるかは漠然としています．

第30条は，第１号基本金の規定から始まります．

（基本金への組入れ）

第30条　学校法人は，次に掲げる金額に相当する金額を，基本金に組み入れるものとする．

一　学校法人が設立当初に取得した固定資産（中略）で教育の用に供されるものの価額又は新たな学校（中略）の設置若しくは既設の学校の規模の拡大若しくは教育の充実向上のために取得した固定資産の価額

これが第１号基本金についての定めです．学校法人設立時およびその後に，教育用に取得した固定資産の金額を組み入れるということです．

ただし，第３項に，負債によって取得した場合についての「未組入額」についての定めがあります．

第30条

3　学校法人が第１項第１号に規定する固定資産を借入金（中略）又は未払金（中略）により取得した場合において，当該借入金又は未払金に相当する金額については，当該借入金又は未払金の返済又は支払（中略）を行った会計年度において，返済又は支払を行った金額に相当する金額を基本金へ組み入れるものとする．

ひらたくいうと第１号基本金は，その年度に，自己資金で（借入金や未払金ではなく），土地，建物，設備，備品，図書などを購入した金額を組み入れます．借入金や未払金となっている購入金額は，基本金未組入額として注記をし，後年，借入金を返済したり，未払金を支払った年度に，その金額を基本金に組み入れます．

第２号基本金，第３号基本金については，それぞれ次の通りです．

> 第30条
>
> 　二　学校法人が新たに学校の設置又は既設の学校の規模の拡大若しくは
> 　　教育の充実向上のために将来取得する固定資産の取得に充てる金銭の
> 　　その他の資産の額
> 　三　基金として継続的に保持し，かつ，運用する金銭その他の資産の額

第2号基本金，第3号基本金の組入計画について，第2項に定められています．

> 第30条
>
> 　2　前項第2号又は第3号に規定する基本金への組入れは，固定資産の
> 　　取得又は基本金の設定に係る基本金組入計画に従い行うものとする．

第2号基本金は，評議員会や理事会が，将来の施設整備計画を決定した金額を組み入れます（計画組み入れといいます）．計画通りに支出されれば，第1号基本金に移されます．

第3号基本金は，その資産の運用益を研究や奨学事業にあてるための基金で，これも計画に従って組み入れられます．

第4号基本金についての定めは以下の通りです．

> 第30条
>
> 　四　恒常的に保持すべき資金として別に文部科学大臣の定める額

第4号基本金は，恒常的に保有しておくべき運転資金であり，ひと月の経常的な支出額のことです．毎年，ほぼ同額ですので，不足する場合だけ，加算していけばよいことになっています．

5-2　第1号基本金を組み入れる場合，組み入れない場合

　学校法人会計基準は，基本金を組み入れる理由については明らかにしないままに，第1号から第4号までの基本金の組み入れ金額，組み入れ方法を定めています．そこで以下では，基本金の組み入れが意味することを検討するために，金額も影響も大きい第1号基本金だけを組み入れることとして，組み入れる場合と組み入れない場合について考えてみましょう．例示は，事業活動収支差額と減価償却額が，現金として入ってくることとしました．

学校法人と基本金の始まり

　基本金の始まりは，学校法人が寄付によって資産をもつことから始まります．現金300万円，建物1000万円相当，土地1700万円，合計3000万円を寄付で受け取ります．この状態を貸借対照表の形式で書くと，以下の通りです．

設立時の貸借対照表

現金	300万円	基本金	3000万円
建物	1000万円		
土地	1700万円		

　ここでの基本金とは，元入れ金となった寄付金のことです．この状態において，基本金の意味は明瞭です．問題は，この明瞭なはずの基本金が，なぜあのように難解な組み入れの仕方になってしまったのか，です．

　本書が問題にしていくのは，「基本金の組み入れ方」，基本金組み入れ制度です．「基本金」の是非ではありません．学校法人の始まりを考えると，元手という基本金の考え方は理解できます．問題は，組み入れ方，その増やし方です．「基本金を廃止すべきという主張だ」と誤解されないように，「基本金組み入れ制度」という表現を用いました．本章の末では，「基本金組み入れ制度」を検討する方向性について，提案しました．

学校法人設立以降の基本金

① 設立時

　もう一度，学校法人設立時の貸借対照表を，出発点として掲げます．

設立時の貸借対照表

現金	300万円	基本金	3000万円
建物	1000万円		
土地	1700万円		

② 5年経過後

　5年間に，学校法人が設置した大学に学生が入学してきました．授業料収入が500万円ありました．事業活動支出は300万円でした．このうち減価償却額は，建物の耐用年数を50年として，1年で20万円ずつ，5年間で100万円でした．

　したがって，5年合計で200万円の利益（事業活動収支差額）がありました．施設設備を購入していないので，第1号基本金の組み入れはありません．200万円の利益がそのまま貸借対照表の繰越収支差額の増加となります．

　現金は，事業活動収支差額200万円と減価償却額100万円の合計300万円増えます．

　5年間の事業活動収支計算書と5年後の貸借対照表は，こうなります．

事業活動収支計算書（5年間）

事業活動支出	300万円	事業活動収入	500万円
（うち減価償却額	100万円）		
事業活動収支差額	200万円		

5年後の貸借対照表

現金	600万円	基本金	3000万円
建物	900万円	繰越収支差額	200万円
土地	1700万円		

　左側の資産の内容は変わりましたが，右側は，3000万円の基本金（元手）で始まって，200万円の利益がでて，そのぶん財産が増えたと一目でわかります．

③　6年目　その1　基本金を組み入れない場合

　6年目の最初に，現金500万円を使って，建物をたてます．この年からは，減価償却額は20万円から30万円に増えて，利益にあたる事業活動収支差額は40万円でした．自己資金による建物の取得なので，第1号基本金に500万円組み入れをしなければなりませんが，まず基本金組み入れをしない決算書を示します．

　現金は，建物代金の500万円が減って，事業活動収支額40万円と減価償却額30万円の合計70万円が増えて，170万円になります．建物は500万円増えて，減価償却額30万円が減って，1370万円になります．

　貸借対照表の繰越収支差額は，40万円増えて240万円になります．

6年目の事業活動収支計算書（1年分）

事業活動支出	70万円	事業活動収入	110万円
（うち減価償却額　30万円）			
事業活動収支差額	40万円		

6年後の貸借対照表

現金	170万円	基本金	3000万円
建物	1370万円	繰越収支差額	240万円
土地	1700万円		

④　6年目　その2　基本金を組み入れる場合

　基本金の組み入れをする場合は，決算書は以下のようになります．

6年目の事業活動収支計算書（1年分）

事業活動支出	70万円	事業活動収入	110万円
（うち減価償却額　30万円）			
事業活動収支差額	40万円		
基本金組入額	500万円		
基本金組入後収支差額	−460万円		
前年度繰越収支差額	200万円		
翌年度繰越収支差額	−260万円		

6年後の貸借対照表

現金	170万円	基本金	3500万円
建物	1370万円	繰越収支差額	−260万円
土地	1700万円		

5-3 基本金組み入れ制度が描く「理想」と現実 ──基本金組み入れ制度批判

2つの貸借対照表の違い

　基本金を組み入れない場合の貸借対照表と，基本金を組み入れる場合の貸借対照表，この2つの違いにこそ，基本金組み入れ制度の秘密があると思います．左側の資産はもっている財産の内容ですから，同じです．違いは右側に出てきます．

　基本金組み入れをおこなわない場合の貸借対照表を見てください．最初に元手である基本金3000万円で始まりました．不動産はきちんと減価償却をして回収し，6年間の利益は累積で240万円になりました．実にすっきりとしています．

　他方，基本金組み入れをおこなう場合の貸借対照表では，元手である基本金が500万円増えています．固定資産を買えば，その金額は設立時の元手のように維持しなければならない，というわけです．年度の利益の累積が示されず，それどころか，購入した固定資産の金額を維持しなければならないので，「収支差額マイナス260万円」になってしまい，「これまでの利益では足りない」と表示しています．

　基本金組み入れ制度の私立学校観は，固定資産を買った金額を維持することを，ともかくも目的としています．この目的は，財政状態と年度の採算（損益）を表示するという，貸借対照表と事業活動収支計算書の本来の会計計算を歪めています．

深読み　基本金組み入れ制度

　基本金組み入れ制度による貸借対照表は，何を意味し，どのような主張の根

拠になるのでしょうか．もう一度，基本金を組み入れた 6 年後の貸借対照表を掲げます．

6 年後の貸借対照表

現金	170万円	基本金	3500万円
建物	1370万円	繰越収支差額	−260万円
土地	1700万円		

　基本金を組み入れたために繰越収支差額がマイナスになりましたが，学校法人会計基準は，そのことの意味を明確に教えてはくれません．このマイナス金額に対する私大理事会の態度は様々で，黒字にするために「人件費を削れ，支出を減らせ」，「学費を上げて収入を増やせ」と喧伝する理事会もある一方，基本金組み入れ後の金額を全く重視しない理事会も多くあります．

　ここで，基本金組み入れ制度が誘導しようとしていることを深読みしてみます．この深読みが正しいか，外れているかは，レフリーがいないので確かめようがありませんが，おそらく正解でしょう．こういうことです．

　「基本金組み入れ制度は，減価償却した金額（減価償却累計額という）にあたる現金をもっていなければならないと主張して，それに比べて足りない金額を，収支差額マイナスとして表示する．」

　上記の例に沿って確かめてみます．最初に寄付された現金は300万円でした．6 年目までの減価償却累計額は130万円なので，「将来の建て替え用」には130万円必要で，現金は合計430万円あるべきだという主張です．ところが 6 年目末の現金は170万円しかないので，260万円足りないことになります．マイナスの収支差額260万円は，減価償却した金額の現金が残っていなければならないのに「足りない」という主張につながります．

　計算式で示すと，以下の通りです．

　もっていなければならない現金は，設立時の300万円＋減価償却累計額130万円＝430万円

実際にある現金は170万円

足りない金額　430万円－170万円＝260万円

　ほとんどの大学でマイナスになっている基本金組み入れ後の収支差額に，このような意味があるとは，理解できないのが当然です．理解している財務理事がいても，うまく説明することはできないでしょう．

　そこで近年，「減価償却累計額に相当するまで，減価償却引当特定資産を積むのだ」という，さらに荒っぽい主張まで登場しています（58ページ）．基本金組み入れ制度を使って，巨額な赤字を表示して，そのうえ減価償却引当特定資産をもつべしと主張しています．

　減価償却累計額にあたる金融資産をもちたい，すべて建て替えるお金をもっていたい，これが基本金組み入れ制度が描く「理想」です．

基本金組み入れ後の収支差額がプラスであるとは

　では，基本金組み入れ後の収支差額がマイナスにならないという「理想」を実現するためには，どうすればいいのでしょう．6年目に収支差額がマイナスになったのは，新しい建物を500万円買ったためですから，これをやめます．そして，たとえば13年目の末に建物500万円を買うことにします．

　5年目までの事業活動収支差額が200万円，6年目から13年目までの8年間の事業活動収支差額が320万円ですから，収支差額の累積は520万円になります．これで基本金500万円を組み入れても赤字にならずにすみます．

5年後の貸借対照表

現金	600万円	基本金	3000万円
建物	900万円	繰越収支差額	200万円
土地	1700万円		

6年目から13年目までの事業活動収支計算書（8年間）

事業活動支出	480万円	事業活動収入	800万円
（うち減価償却額	160万円）		

事業活動収支差額	320万円		
基本金組入額	500万円		
当年度収支差額	−180万円		
前年度繰越収支差額	200万円		
翌年度繰越収支差額	20万円		

13年後の貸借対照表

現金	580万円	基本金	3500万円
建物	1240万円	繰越収支差額	20万円
（減価償却累計額	260万円）		
土地	1700万円		

　ようやく法人設立13年目にして，建物を購入することができるのです．

　収支差額プラス20万円について，「基本金組み入れ制度は，減価償却した金額（減価償却累計額という）にあたる現金をもっていなければならないと主張して，それに比べて余る金額を，収支差額プラスとして表示する．」を検証してみましょう．

　もっていなければならない現金は，設立時の300万円＋減価償却累計額
　　260万円＝560万円
　実際にある現金は580万円
　余る金額　580万円−560万円＝差額はプラス20万円

　基本金組み入れ制度は，取得した固定資産の減価償却累計額を，常に現金としてもっていることを求めています．そこで，その求めに応じて，収支差額をプラスにするためには，プラスになるのを待って，新しい固定資産を買うことにしなければなりません．

　しかし私立学校の目的である教育・研究事業のためには，現金に余裕があれば，早め早めに施設の充実を図り，規模を拡大したりして，学生を迎えることは当然ですから，収支差額はマイナスになっていくのです．

このように，基本金を組み入れた後の収支差額が示す「減価償却累計額に当たる現金をもっているという理想に現金額が足りないという警報」と，現実に大学運営でおこなわれている目標，現実に追求している理想とは，かけ離れています．にも関わらず，基本金を組み入れた後の収支差額が示す「足りない警報」を利用して，私大の財政危機を演出し，人件費削減などを主張する理事会もあるのです．

すべて建て替えなければいけないのか？
必要なのは修繕を含む施設設備の整備計画

減価償却累計額にあたる現金を保持するべきという主張は，現実的でないだけでなく，不必要です．有害といえるかもしれません．

減価償却という手続きは，建て替えのための資金を準備しているわけではありません．そもそも，その施設・設備すべてが，建て替えや再取得が必要なわけではないはずです．ある大学は，財産目録によれば160棟の建物をもっています．維持費が大変なので，必要なものを精査して効率的に利用するための調査を，外部コンサルタントに依頼しています．遊休施設について，収益事業である賃貸事業をおこなっている私大も多くあります．

重要なことは，大学が保有している固定資産を把握し，効率的に管理し，必要な修繕・維持をおこない，不要な資産を処分し，施設更新計画を明確にすることです．それぞれの法人，学校ごとに，運営上の課題は多様です．財政力も多様です．施設整備のために借り入れをおこなうのが通例となっている法人も多くあります．施設整備計画は，資金調達計画でもありますから，学生数の見込みも必要ですし，魅力のある大学づくりが欠かせません．教職員の理解も，卒業生や地域の支援も必要です．

こうした現実的な課題と，基本金組み入れ制度とは無関係です．基本金組み入れ制度は，財政状態と採算（損益）を表示するという会計計算を台無しにするばかりか，社会や利害関係者，教職員に「危機感」を醸成するメッセージを発信し，理事者たちの責任も不明確にしかねません．

| **基本金組み入れはどのようにすべきか**
──検討の方向性について

　それではいったい基本金組み入れは，どのようにおこなうべきでしょうか．基本的な考え方といくつかの方向性を示しておきます．

⑴現行の基本金組み入れ制度は廃止

　現行の基本金組み入れ制度の最大の問題は，事業活動収支計算書で算定される事業活動収支差額とは関係なく，多くの場合，事業活動収支差額を超えることになる金額を基本金に組み入れることです．この基本金組み入れ制度は廃止するべきです．

⑵第1号基本金組み入れ制度改正の3方向

　現行の基本金組み入れ制度に変わる基本金組み入れ制度は，以下の3つの選択肢があると考えます．
① 学校法人の設置や学校の新設にあたって受けた寄付金のみを基本金とし，毎年の事業活動収支差額は，繰越収支差額として累積していく．
② 学校法人の設置や学校の新設にあたって受けた寄付金に加えて，施設設備という目的を明確にした寄付金を基本金に組み入れる．
③ 学校法人の設置や学校の新設にあたって受けた寄付金だけでなく，毎年の事業活動収支差額を全額，基本金に組み入れる．

⑶第2号基本金，第3号基本金，第4号基本金の組み入れも廃止

　現行の基本金のうち，第2号基本金，第3号基本金，第4号基本金の組み入れの考え方には，同額の金融資産を保持するという目的があります．この目的を果たすためには，第2号基本金，第3号基本金，第4号基本金を組み入れずに，施設整備計画引当特定資産，奨学・研究事業基金引当特定資産，第4号基本金に相当する金融資産を保持するように，定めればよいのです．

⑷純資産に積立金を表示することも検討に値します

(2)で示した基本金組み入れ制度と，(3)で示した引当特定資産の保持とを結びつけて，純資産に積立金の明細を示すことも検討に値します．たとえば純資産の表示は，以下の通りにします．

基本金	500億円
繰越収支差額	100億円
うち施設整備計画引当特定資産積立金	50億円
うち奨学・研究事業基金引当特定資産積立金	10億円
うち恒常的必要運転資金積立金	3億円

提言② 減価償却引当特定資産は不要です

　減価償却引当特定資産が，使用目的のためにとっておく金融資産という性格に合致しておらず，問題であることは，第3章で指摘しました（25〜26ページ）．ところが減価償却引当特定資産は多くの大学で積み立てられ，幅を利かせるようになってきています．ある理事会は，「本来は減価償却累計額にあたる金額が必要なのに，足りていない」などといっています．こうした主張は，何重にも間違いですし，悪質です．

　まず，減価償却という手続きと，再取得のための資金調達とは，関係がないことです．実態としても，すべてを建て替える必要があるわけではありません．建て替えと新設の区別は明確ではありません．必要なことは，施設設備の効率的な運用，遊休資産の処分です．そのうえで，現実的な施設整備計画と資金調達方法を示すべきです．この金額を金融資産として確保するための引当特定資産は，機関決定をおこなっていれば第2号基本金引当特定資産ですし，第2号基本金を組み入れていなければ，「施設整備引当特定資産」とすればいいでしょう．

　それにしても，減価償却引当特定資産の金額から「本来は減価償却累計額にあたる金額が必要なのに，足りていない」という主張と，第1号基本金組み入れ制度とは，同じことを主張していることがわかります．それほど，足りないことに危機感をもっているのであれば，本章のように，13年目になるまで待ってから，新規の施設整備をおこなうことをおすすめします．

6 活動区分資金収支計算書の分析

6-1 資金収支計算書の一般的な3区分

　本章では，貸借対照表，事業活動収支計算書と並ぶもう1つの計算書である，資金収支計算書を解説します．

　資金収支計算書は，現金預金の出入りの記録ですから，計算書の性格は単純です．しかし，様々な収入と支出が並んでいるので，性質別に区分することが必要です．加えて私立大学の資金収支計算書には，収入と支出だけでなく，調整勘定というものがあります（18〜21ページ）．

　2013年の学校法人会計基準の改正によって，資金収支計算書を3つに区分した活動区分資金収支計算書の作成が，私立大学に義務づけられることになりました．3つに区分することで，お金の使われ方がわかります．また活動区分資金収支計算書は，調整勘定も区分するので，分析しやすくなりました．

　では，活動区分資金収支計算書は，どのように区分しているのでしょうか．まず一般的な区分を紹介します．国立大学のような独立行政法人，一般企業も，基本的にこの3区分です．

資金収支計算書の3区分	
教育活動収支の部	500
施設整備活動収支の部	− 300
小計	200
財務活動収支の部	− 150
当年度の資金増減額	50

前年度繰越支払資金額	1500
当年度の支払資金増減額	50
次年度繰越支払資金額	1550

　一般的な３区分は，教育活動（本業），施設整備活動，財務活動の３区分です．まず教育活動という本業の資金収支を確定します．次に施設整備活動，企業でいえば投資活動の資金収支額を計算します．ここでその差額，「小計」を計算することもよくおこなわれています．この「小計」は，１年間の教育活動から生まれた資金収支額を使って，施設整備をおこない，足りるかどうかを示します．大きな施設整備をおこなえば足りなくなるでしょうし，控えめにすれば余るでしょう．

　次に財務活動の資金収支です．財務活動とは，資金の調達をしたり，貯めたりする活動のことです．上の「小計」でお金が足りない場合は，手持ちの金融資産を取り崩したり，借り入れをおこなったりします．余れば金融資産を増やしたり，借り入れを返したりします．

　上の例を読んでみます．教育活動から，現金預金が500入ってきました．そのうち300を使ってコンピュータを入れ替えました．200お金が余ったので，150は有価証券を買いました．残る50は現金預金の増加です．ここまでが，今年度の資金収支計算です．

　さて，年の初めの前年度繰越支払資金額（現金預金）は，1500でした．１年間で50増えたので，次年度繰越支払資金額は，1550になります．

　いかがでしょうか．このような３区分は，お金の流れを理解するのに役に立ちます．しかし残念ながら学校法人会計基準は，少しゆがんでいます．そこで，分析がしやすくなるように，以下では区分を直してみます．

6-2　学校法人会計基準の３区分とその組み替え

　学校法人会計基準に基づく区分は以下の３つです．

```
┌─────────────────────────────────────┐
│  ①　教育活動による資金収支          │
│  ②　施設整備等活動による資金収支    │
│  　小計                             │
│  ③　その他の活動による資金収支      │
└─────────────────────────────────────┘
```

　下線のようなあいまいな区分は，計算書を分析する側にとっては，困ること
です．そこで本書では，以下のように組み替えをしてから，分析をおこないま
す．

①　教育活動による資金収支

　教育活動に限定しているので，本業のキャッシュフローを示しています．こ
れはこのままで行きます．

②　施設整備等活動による資金収支

　「等」にあたるのは，第2号基本金引当特定資産や減価償却引当特定資産，
施設設備拡充引当特定資産などの金融資産の増減なので，③に移します．

③　その他の活動による資金収支

　「その他の活動」に，②から金融資産の増減を移すと「財務活動」になりま
す．

　62〜63ページは，法政大学の活動区分資金収支計算書です．左が組み替え前，
右が組み替え後のものです．

　法政大学の場合，「施設整備等活動」の「等」にあたるのは減価償却引当特
定資産だけなので，これを移動しています．区分の名称も変わり，理解しやす
くなります．

活動区分資金収支計算書（2018年度）
組み替え前
単位：百万円

活動区分資金収支計算書（2018年度）
組み替え後
単位：百万円

		科　　目	金　額
教育活動による資金収支	収入	学生生徒等納付金収入	40,227
		手数料収入	3,673
		特別寄付金収入	329
		一般寄付金収入	50
		経常費等補助金収入	4,401
		付随事業収入	515
		雑収入	788
		教育活動資金収入計	49,983
	支出	人件費支出	25,968
		教育研究経費支出	10,801
		管理経費支出	1,843
		教育活動資金支出計	38,612
		差引	11,371
		調整勘定等	626
	教育活動資金収支差額		11,996

		科　　目	金　額
施設整備等活動による資金収支	収入	施設設備寄付金収入	2
		施設設備補助金収入	41
		施設設備売却収入	56
		減価償却引当特定資産取崩収入	5,353
		施設整備等活動資金収入計	5,451
	支出	施設関係支出	8,237
		設備関係支出	1,247
		減価償却引当特定資産繰入支出	3,000
		施設整備等活動資金支出計	12,485
		差引	−7,034
		調整勘定等	−71
	施設整備等活動資金収支差額		−7,105
小計（教育活動資金収支差額＋施設整備等活動資金収支差額）			4,891

		科　　目	金　額
	収入	有価証券売却収入	400

		科　　目	金　額
教育活動による資金収支	収入	学生生徒等納付金収入	40,227
		手数料収入	3,673
		特別寄付金収入	329
		一般寄付金収入	50
		経常費等補助金収入	4,401
		付随事業収入	515
		雑収入	788
		教育活動資金収入計	49,983
	支出	人件費支出	25,968
		教育研究経費支出	10,801
		管理経費支出	1,843
		教育活動資金支出計	38,612
		差引	11,371
		調整勘定等	626
	教育活動資金収支差額		11,996

		科　　目	金　額
施設整備活動による資金収支	収入	施設設備寄付金収入	2
		施設設備補助金収入	41
		施設設備売却収入	56
		施設整備活動資金収入計	98
	支出	施設関係支出	8,237
		設備関係支出	1,247
		施設整備活動資金支出計	9,485
		差引	−9,387
		調整勘定等	−71
	施設整備活動資金収支差額		−9,457
小計（教育活動資金収支差額＋施設整備活動資金収支差額）			2,539

		科　　目	金　額
	収入	有価証券売却収入	400
		減価償却引当特定資産取崩収入	5,353
		退職給与引当特定資産取崩収入	696

その他の活動による資金収支	収入	
	退職給与引当特定資産取崩収入	696
	立替金回収収入	0
	貸付金回収収入	4
	預り金受入収入	40
	小計	1,140
	受取利息・配当金収入	341
	収益事業収入	31
	過年度修正収入	6
	その他の活動資金収入計	1,517
	支出	
	借入金等返済支出	502
	有価証券購入支出	2,500
	退職給与引当特定資産繰入支出	1,006
	教学改革引当特定資産繰入支出	23
	後援会学生・教育支援引当特定資産繰入支出	15
	第3号基本金引当特定資産繰入支出	32
	立替金支払支出	2
	貸付金支払支出	0
	供託金支払支出	0
	保証金支払支出	0
	小計	4,080
	借入金等利息支出	42
	過年度修正支出	9
	その他の活動資金支出計	4,130
	差引	-2,613
	調整勘定等	0
	その他の活動資金収支差額	-2,613
支払資金の増減額（小計＋その他の活動資金収支差額）		2,279
前年度繰越支払資金		8,505
翌年度繰越支払資金		10,784

財務活動による資金収支	収入	
	立替金回収収入	0
	貸付金回収収入	4
	預り金受入収入	40
	小計	6,492
	受取利息・配当金収入	341
	収益事業収入	31
	過年度修正収入	6
	財務活動資金収入計	6,870
	支出	
	借入金等返済支出	502
	有価証券購入支出	2,500
	減価償却引当特定資産繰入支出	3,000
	退職給与引当特定資産繰入支出	1,006
	教学改革引当特定資産繰入支出	23
	後援会学生・教育支援引当特定資産繰入支出	15
	第3号基本金引当特定資産繰入支出	32
	立替金支払支出	2
	貸付金支払支出	0
	供託金支払支出	0
	保証金支払支出	0
	小計	7,080
	借入金等利息支出	42
	過年度修正支出	9
	財務活動資金支出計	7,130
	差引	-260
	調整勘定等	0
	財務活動資金収支差額	-260
支払資金の増減額（小計＋財務活動資金収支差額）		2,279
前年度繰越支払資金		8,505
翌年度繰越支払資金		10,784

6-3 活動区分資金収支計算書を分析する

事業活動収支計算書と同じ金額の項目が多い

　教育活動による資金収支には，事業活動収支計算書の教育活動収支のうちで現金預金の出入りのある項目が載っています．もともと資金収支計算書の目的は，「年度の活動に対応する収入と支出」を明らかにすることですから，資金収支計算書と事業活動収支計算書のほとんどの項目が同じ金額です．

　しかし，事業活動収支計算書で，現金預金の出入りのない項目もあります．現物寄付や退職給与引当金繰入額，減価償却額です．それらは活動区分資金収支計算書には載りません．退職金については，退職給与引当金とは関係なく，退職者に支払われることになる退職金の金額が人件費支出に載ることになります．

　また，固定資産や有価証券を処分・売却したときの表示も，事業活動収支計算書と活動区分資金収支計算書とでは異なります（67ページ）．

　では，活動区分資金収支計算書の見方を学びましょう．

教育活動による資金収支

　事例では，教育活動資金収入は，学生生徒等納付金収入402億2700万円など，合計499億8300万円でした．教育活動支出は，人件費支出259億6800万円など，合計386億1200万円です．調整勘定等がプラス6億2600万円でしたので，教育活動資金収支差額は119億9600万円です．

施設整備活動による資金収支

　減価償却引当特定資産取崩収入，減価償却引当特定資産繰入支出を，財務活動による資金収支に移しました．組み替え後の施設整備活動による資金収支を分析しましょう．

　収入には，まず施設設備寄付金収入，施設設備補助金収入，施設設備売却収入があります．それぞれ200万円，4100万円，5600万円です．私立大学の施設設備補助金は，対象が狭く，金額がわずかです．国立大学が運営費交付金のほかに施設費によって，基本的な教育・研究施設が手当されているのと違って，

私大は自前で施設整備をおこなわなければなりません．経営的に不利です．施設設備売却収入は，売却によって入ってきた金額であり，差益ではありません．以上の施設整備活動資金収入の合計はわずかに9800万円です．

　支出について見ていきます．施設関係支出が82億3700万円，設備関係支出が12億4700万円です．施設整備活動に支出された金額は，合計で94億8500万円となっています．収入から支出を引くと，マイナス93億8700万円，これに調整勘定がマイナス7100万円でしたので，施設整備活動資金収支差額は，マイナス94億5700万円です．

ここで「小計」する

　活動区分資金収支計算書は，ここでいったん小計します．1年間の教育活動の収支で，施設整備ができるかどうかを見るのです．教育活動資金収支差額が119億9600万円，施設整備活動資金収支差額がマイナス94億5700万円ですから，小計はプラス25億3900万円，収入超過です．本業の教育活動収支差額から施設を整備して，残ったお金です．

　この残ったお金はどうなったでしょうか．次の財務活動を見てみましょう．

財務活動による資金収支

　3つめの区分，財務活動による資金収支です．ここには，金融資産である減価償却引当特定資産が移ってきています．収入は，有価証券売却収入から預り金受入収入までが小計されていて，64億9200万円です．主なものは，以下の金融資産が減少したことによる収入です．

有価証券売却収入	4億円
減価償却引当特定資産取崩収入	53億5300万円
退職給与引当特定資産取崩収入	6億9600万円
金融資産売却・取崩（収入）合計	64億4900万円

　ほかに受取利息・配当金収入，収益事業収入，過年度修正収入を加算して，財務活動資金収入の合計は，68億7000万円です．

財務活動の支出には，借入金等返済支出から保証金支払支出までが小計され，70億8000万円です．借入金返済は，5億200万円です．ほかはほとんどが，金融資産が増加したことによる支出です．以下の通りです．

有価証券購入支出	25億円
減価償却引当特定資産繰入支出	30億円
退職給与引当特定資産繰入支出	10億 600万円
教学改革引当特定資産繰入支出	2300万円
後援会学生・教育支援引当特定資産繰入支出	1500万円
第3号基本金引当特定資産繰入支出	3200万円
金融資産購入・繰入（支出）合計	65億8000万円

　ほかに，財務活動のコストである借入金等利息支出4200万円などがあります．財務活動資金支出計は71億3000万円，調整勘定はゼロです．
　財務活動資金収入から財務活動資金支出を引き算すると，収支は，マイナス2億6000万円です．財務活動の資金収支をざっとまとめると，資金収入は，金融資産を取り崩したり売却したりした資金収入が64億4900万円，受取利息などが4億2200万円，資金支出は，借入金返済と利息の支払いなどが5億5500万円，金融資産を購入したり引当資産を増やしたりしたのが65億8000万円です．これらの結果が，財務活動資金収支差額のマイナス2億6000万円です．
　財務活動による資金収支では，収入・支出の合計額には，あまり意味がありません．金融資産の売却，購入，積み増し，取り崩しといった金融商品の増減がほとんどだからです．財務活動資金収支差額がマイナスであるということは，金融資産を増やした結果ということもあるわけです．

今年度，現金預金はいくら増えたのか
　活動区分資金収支計算書の最後の3行を見ます．支払資金の増減額は，3つの区分の収支差額を合算したものです．22億7900万円です．前年度繰越支払資金85億500万円に加えると，翌年度繰越支払資金は，107億8400万円となります．

この3行が，学校法人会計基準がいうところの「支払資金のてんまつ」です．

活動区分資金収支計算書のまとめ

　この1年間の収入・支出の流れ全体を確認してみましょう．教育活動の資金収支差額はプラス119億9600万円でした．このうち施設整備活動に必要だったのは94億5700万円でした．25億3900万円が残ったことになります．このうち2億6000万円が純金利と借金返済などへの支出や，現金預金以外の金融資産の積み増しにあてられ，22億7900万円が現金預金を増やしたということです．

コラム

資産を売ったときの，資金収支計算書と事業活動収支計算書の違い

　資金収支計算書には，収入・支出の金額が載ります．有価証券を売却すると，有価証券売却収入です．本文の事例では4億円です．有形固定資産を売却すると，施設設備売却収入です．事例では5600万円です．これらの金額は，売却によって入ってきた金額です．

　事業活動収支計算書（39ページ）には，売却や処分でいくら損したか，儲かったのか，の差額が載ります．特別収入・資産売却差額という儲けが1200万円，特別支出・資産処分差額という損が2億3000万円と載っています．内訳のなかに有価証券売却差額は計上されていないので，貸借対照表の有価証券に4億円と載っていたものを4億円で売却したことがわかります．有形固定資産売却（処分）では，売却益が1200万円，損が2億3000万円，差額は2億1800万円なので，けっこうな額の売却（処分）損になっています．ただ現金収入としては，5600万円が入ってきているということです．

7 | 3つの計算書を 5年分並べて分析する

　貸借対照表，事業活動収支計算書，活動区分資金収支計算書，以上3つの計算書を，5年分並べて分析してみましょう．2019年私立学校法改正（2020年4月1日施行）で，5年間の財政資料の備え付けと閲覧が義務づけられます．同時に公表が義務づけられますので，入手・活用はしやすくなりました．

　ここでは，資料と紙幅の都合から4年分だけを並べていますが，5年分でもやり方は同じです．

7-1　貸借対照表の分析

資産の推移

①　金額の増加・減少

　貸借対照表は，そのまま5年分（ここでは4年分），横に並べます（70ページ）．最初の年と最後の年の差額の欄を設けましょう．

　資産全体は，2015年度末2110億5600万円から2018年度末2237億5300万円に，126億9700万円増えています．

　有形固定資産は，1385億2000万円から1412億600万円に，26億8600万円増加しました．土地が12億6700万円，建物が56億3900万円増える一方，構築物，教育研究用機器備品が合計で9億2200万円，建設仮勘定が36億7000万円，減少しました．建設中の工事が減っていることがわかります．

　土地，図書，建設仮勘定のほかは，毎年，50億円を超える減価償却をしています（77ページ参照）．

　特定資産は，444億4500万円から419億7000万円に，24億7500万円減少しています．教学改革引当特定資産が90億5300万円から77億9200万円に12億6100万円減り，減価償却引当特定資産は129億5400万円から112億8500万円に，16億6900

貸借対照表　資産の部

科　　　目	2015年度末	2016年度末	2017年度末	2018年度末	差額(18-15)
固定資産	191,414	194,481	194,122	198,226	6,812
有形固定資産	138,520	138,973	137,264	141,206	2,686
土地	39,466	39,319	39,113	40,733	1,267
建物	78,856	82,952	80,642	84,495	5,639
構築物	3,530	3,705	3,317	3,140	−390
教育研究用機器備品	4,413	3,888	4,086	3,882	−532
管理用機器備品	157	146	199	203	47
図書	8,403	8,510	8,620	8,683	280
航空機	0	0	0	43	43
建設仮勘定	3,697	452	1,287	27	−3,670
特定資産	44,445	44,405	43,943	41,970	−2,475
退職給与引当特定資産	6,453	6,718	6,425	6,735	282
教学改革引当特定資産	9,053	8,073	7,769	7,792	−1,261
付属中高一貫教育引当特定資産	19	20	26	26	6
後援会学生・教育支援引当特定資産	84	99	114	129	45
減価償却引当特定資産	12,954	13,572	13,637	11,285	−1,669
第3号基本金引当特定資産	15,882	15,923	15,972	16,004	122
その他の固定資産	8,449	11,103	12,914	15,050	6,601
電話加入権	21	21	21	21	0
施設利用権	80	75	70	66	−14
教育研究用ソフトウェア	175	121	276	224	49
管理用ソフトウェア	5	4	15	12	7
排出量クレジット	3	3	3	3	0
有価証券	8,067	10,266	11,966	14,166	6,099
収益事業元入金	0	520	520	520	520
長期貸付金	25	20	18	14	−11
保証金	74	74	26	26	−48
流動資産	19,642	19,693	23,836	25,527	5,885
現金預金	6,954	6,060	8,505	10,784	3,830
未収入金	850	1,198	999	556	−294
教材	17	18	19	20	2
貯蔵品	14	15	15	11	−3
短期貸付金	1	1	1	0	−1
有価証券	11,700	12,300	14,200	14,100	2,400
前払金	97	99	95	52	−44
立替金	7	1	0	2	−5
供託金	1	1	2	2	1
資産の部合計	211,056	214,174	217,958	223,753	12,697

万円減りました.

　その他の固定資産は，84億4900万円から150億5000万円に，66億0100万円増加しました．流動資産は，196億4200万円から255億2700万円に，58億8500万円増加しました.

② 比率を使った分析

　a.伸びを調べる

　こうした変化を，増減額の大きさだけでなく，「○パーセント伸びた」という伸び率で見ることができます．特に，長い期間を見るときには，資産の内容が大きく変わりますから，「○パーセント増えた」とか「○割大きくなった」，「○倍になった」「半分になった」という分析に意味が出てきます.

　伸びを調べるには，最初の年度を100にして増減を見る指数法，前年度比を見る方法，最初と最後の増減だけを見る方法があります.

　ここでは，資産の3つの大きな区分に従って，最初と最後の年度の間の伸びを見て，表にしてみました（「金融資産」については第3章を参照）.

	2015年度末	2018年度末	伸び率
有形固定資産	1385億円	1412億円	101.9
金融資産	712億円	810億円	113.8
その他の資産	14億円	16億円	114.3
資産合計	2111億円	2238億円	106.0

　わずか3年間のあいだに，金融資産が13.8%増加したことは，特徴として挙げられます．その他の資産も14.3%増えていますが，そもそも金額が小さいので，無視してかまいません.

　b.構成比を調べる

　資産に対する構成比率を調べてみます．エクセルなどで5年分の貸借対照表を作成するときに，一緒にすべての項目の構成比率を出しておくと便利です.

ここでは，資産の３つの大きな区分に従って，構成比率を出してみました．

	2015年度末	2018年度末
有形固定資産	65.6%	63.1%
金融資産	33.7%	36.2%
その他の資産	0.7%	0.7%
資産合計	100.0%	100.0%

構成比でも，金融資産の比重の高まりが指摘できます．

負債・純資産の推移

① 金額の増加・減少

　負債，純資産についても，４年分を並べて，差額を計算します（73ページ）．

　負債の合計は，2015年度末326億5800万円から2018年度末301億200万円に，25億5600万円減少しました．固定負債は，213億300万円から196億6000万円に，16億4300万円減少しました．主なものは，長期借入金の減少，15億700万円です．

　流動負債は，113億5500万円から104億4200万円に，9億1300万円減りました．未払金6億8000万円の減少が主なものです．

　負債のうち，利子の支払いを伴う有利子負債，すなわち長期借入金と短期借入金の合計は，72億9100万円から57億8300万円に減少しました．

　純資産は，1783億9700万円から1936億5000万円に，152億5300万円増えました．３年間の利益（事業活動収支差額）が内部に蓄積されました．

② 比率を使った分析

　こうした変化を，資産と同じように，２種類の比率で概括してみましょう．

貸借対照表　負債および純資産の部

(百万円)

科　　　　　目	2015年度末	2016年度末	2017年度末	2018年度末	差額（18-15）
固定負債	21,303	20,449	20,277	19,660	−1,643
長期借入金	6,789	6,286	5,784	5,281	−1,507
長期未払金	1,101	844	1,303	1,161	59
退職給与引当金	13,413	13,319	13,191	13,218	−195
流動負債	11,355	10,077	10,191	10,442	−913
短期借入金	502	503	502	502	−0
未払金	2,738	1,367	1,763	2,058	−680
前受金	7,246	7,418	7,040	6,956	−290
預り金	869	788	886	926	57
負債の部合計	32,658	30,525	30,469	30,102	−2,556
第1号基本金	214,038	219,018	219,284	224,995	10,958
第3号基本金	15,882	15,923	15,972	16,004	122
第4号基本金	3,205	3,250	3,250	3,272	67
基本金合計	233,125	238,191	238,506	244,271	11,146
繰越収支差額	−54,727	−54,543	−51,017	−50,621	4,107
翌年度繰越収支差額合計	−54,727	−54,543	−51,017	−50,621	4,107
純資産の部合計	178,397	183,649	187,489	193,650	15,253
負債及び純資産の部合計	211,056	214,174	217,958	223,753	12,697

ａ．伸びを調べる

	2015年度末	2018年度末	伸び率
有利子負債	73億円	58億円	79.5
無利子負債	254億円	243億円	95.7
純資産	1784億円	1937億円	108.6
負債と純資産合計	2111億円	2238億円	106.0

　わずか3年間に，有利子負債は20.5％，つまり5分の1，減りました．

　事業活動収支差額（利益）が順調に出ているので，純資産は3年間で8.6％，12分の1強大きくなりました．

b．構成比を調べる

	2015年度末	2018年度末
有利子負債	3.5%	2.6%
無利子負債	12.0%	10.9%
純資産	84.5%	86.5%
負債と純資産合計	100.0%	100.0%

　構成比を見ると，金額の推移のときには目立たなかった有利子負債の比重の小ささが，よくわかります．ついに3％を切りました．また，純資産の割合を純資産構成比率といいますが，着々と高まっていて，86.5％にまでなったことがわかります．

　1割ある無利子負債は，退職給与引当金という今のところ自己資金ともいえる負債と，私立学校特有の前受金ですから，減らす必要のない負債です．

　財政状態は盤 石で，しかも内部留保が増えつづけていることが，比率によってさらに明確になるということを，実感していただけたと思います．

7-2　事業活動収支計算書の分析

教育活動収入・教育活動支出・教育活動収支差額の推移

　事業活動収支計算書も，4年分並べます．まず教育活動収支です（75〜76ページ）．ここでは2018年度と2015年度の差額を載せましたが，年度ごとの変化は，「増えている」「減っている」ばかりではなく，「増えたり減ったりしている」のほうが一般的です．差額に意味がない場合も多いでしょう．差額だけに注目するのではなく，各項目の傾向を素直に読み取ることが大切です．

　教育活動収入の合計は，2015年度457億4000万円から2018年度499億9700万円に，毎年，着実に増えました．42億5800万円の増収です．内訳を見ます．

　学生生徒等納付金は，3年で，361億100万円から402億2700万円に，41億2500万円の増加です．1割を超える大幅増収です．ほかには，手数料，付随事

事業活動収支計算書　教育活動収入

（百万円）

科　　　目	2015年度	2016年度	2017年度	2018年度	差額（18-15）
学生生徒等納付金	36,101	38,396	40,199	40,227	4,125
授業料	33,219	35,216	36,443	36,498	3,280
入学金	1,877	2,190	2,609	2,455	578
実験実習料	1,006	991	1,146	1,273	267
手数料	3,289	3,767	3,868	3,673	384
入学検定料	3,221	3,702	3,805	3,609	388
試験料	38	35	36	37	−1
大学入試センター試験実施手数料	10	10	10	9	−0
証明手数料	20	20	17	18	−3
寄付金	588	418	707	394	−194
特別寄付金	542	382	672	329	−213
一般寄付金	32	25	23	50	18
現物寄付金	14	11	11	15	1
経常費等補助金	4,246	2,908	3,282	4,401	155
国庫補助金	3,065	1,700	1,995	3,070	5
地方公共団体補助金	1,181	1,206	1,286	1,330	149
学術研究振興資金	0	1	1	1	1
若手・女性研究者奨励金	0	0	0	0	0
付随事業収入	425	496	542	515	90
補助活動収入	25	22	21	13	−12
課外講座収入	114	140	119	102	−12
受託事業収入	272	325	395	384	112
その他事業収入	14	8	8	16	2
雑収入	1,091	1,128	1,259	788	−302
入試要項料	12	1	1	0	−12
私立大学退職金財団交付金	758	813	916	355	−402
研究関連収入	108	107	106	106	−3
施設設備利用料	130	95	143	239	109
その他の雑収入	82	111	92	88	6
教育活動収入計	45,740	47,112	49,857	49,997	4,258

事業活動収支計算書　教育活動支出

(百万円)

科　　　目	2015年度	2016年度	2017年度	2018年度	差額(18-15)
人件費	26,006	26,344	26,753	25,996	−11
教員人件費	17,609	17,806	17,942	17,907	299
職員人件費	7,142	7,233	7,348	7,292	150
役員報酬	65	65	68	73	8
退職給与引当金繰入額	1,190	1,240	1,395	723	−467
教育研究経費	16,885	15,791	17,002	15,809	−1,076
図書資料費	577	634	639	642	65
消耗品費	1,540	1,073	1,118	1,053	−487
修繕費	1,269	999	872	518	−751
光熱水費	1,071	834	862	901	−170
旅費交通費	318	296	308	325	7
補助費	378	319	310	310	−67
通信費	174	167	179	134	−39
委託計算費	120	151	123	128	8
委託業務費	4,969	4,716	5,839	5,070	101
賃借費	339	355	333	217	−123
奨学費	994	1,010	1,101	1,105	111
損害保険料	44	43	42	39	−5
福利費	40	42	40	41	2
諸費	338	319	339	330	−8
減価償却額	4,714	4,832	4,895	4,993	279
管理経費	2,352	2,206	2,105	2,226	−127
消耗品費	211	176	134	164	−48
修繕費	124	111	88	61	−63
光熱水費	79	53	54	60	−20
旅費交通費	59	56	57	53	−6
通信費	67	64	70	72	5
委託計算費	19	17	10	7	−12
委託業務費	841	719	772	797	−44
賃借費	6	63	44	34	28
損害保険料	2	2	2	1	−0
福利費	33	35	35	32	−1
広告費	178	150	155	153	−25
私立大学等経常費補助金返還金	18	11	25	18	0
諸費	351	409	313	395	44
減価償却額	364	341	346	380	16
徴収不能額等	1	0	1	1	−0
徴収不能額	1	0	1	1	−0
教育活動支出計	45,244	44,341	45,861	44,031	−1,214

76

業収入が，合計で4億7400万円増えています．気になるのは，経常費等補助金
が，42億4600万円，29億800万円，32億8200万円，44億100万円と，不安定に推
移していることです．経常費補助金は，政府が基盤経費に対して補助するもの
ですから，このように不安定では困ります（5～6ページ）．

　教育活動支出の合計は，452億4400万円から440億3100万円へ，12億1400万円
減少しました．内訳では，2015年度と2018年度とを比べると，人件費，教育研
究経費，管理経費，いずれも減少しました．

　人件費は，2015年度の260億600万円から2017年度まで増えていましたが，
2018年度は259億9600万円に減少しました．退職給与引当金繰入額の4億6700
万円の減少が影響しています．

　教育研究経費は，169億円，158億円，170億円，158億円と増減しました．3
年間の差額では，10億7600万円の減少です．消耗品費，修繕費，光熱水費，賃
借費が合計で15億3100万円減少する一方で，委託計算費，委託業務費が合計1
億900万円増加，奨学費1億1100万円増加，減価償却額が2億7900万円増加し
ました．

　管理経費も2015年度の23億5200万円から2018年度の22億2600万円へと1億
2700万円減りました．消耗品費，修繕費，光熱水費，委託計算費，委託業務費，
広告費などが減少しました．

　教育研究経費と管理経費の減価償却額の合計は，2015年度の50億7800万円か
ら2018年度の53億7300万円に増加しました．

事業活動収支計算書　教育活動収支差額

(百万円)

科　　　　　目	2015年度	2016年度	2017年度	2018年度	差額(18-15)
教育活動収支差額	495	2,771	3,996	5,967	5,471

　以上の結果，教育活動収支差額は，4億9500万円，27億7100万円，39億9600
万円，59億6700万円と，飛躍的に増大しました．

教育活動外収入・支出・収支差額と経常収支差額の推移
　続いて，教育活動外の収入と支出，その差額である教育活動外収支差額を見

ます.

事業活動収支計算書　教育活動外収入・教育活動外支出・教育活動外収支差額

（百万円）

科　　　　目	2015年度	2016年度	2017年度	2018年度	差額(18-15)
受取利息・配当金	411	362	346	341	− 70
第3号基本金引当特定資産運用収入	181	180	164	165	− 17
その他の受取利息・配当金	229	183	182	176	− 53
その他の教育活動外収入	0	18	32	31	31
収益事業収入	0	18	32	31	31
教育活動外収入計	411	380	378	372	− 39
借入金等利息	29	21	48	42	13
借入金等利息	29	21	48	42	13
その他の教育活動外支出	0	0	0	0	0
教育活動外支出計	29	21	48	42	13
教育活動外収支差額	381	359	330	330	− 51

　受取利息・配当金は, 2015年度4億1100万円から2018年度3億4100万円へ, 7000万円の減少でした. 金利収入は減っています. その他の教育活動外収入は, 3100万円にまで増えました. これは収益事業によるものです. 教育活動外収入の合計は, 3900万円の減少でした.

　借入金等利息は, 2900万円から4200万円に増えました. 教育活動外収支差額は, プラス3億8100万円から3億3000万円へと, プラス幅は縮小しています.

　教育活動収支差額に教育活動外収支差額を加算したものを, 経常収支差額といいます.

事業活動収支計算書　経常収支差額

（百万円）

科　　　　目	2015年度	2016年度	2017年度	2018年度	差額(18-15)
経常収支差額（教育活動収支額＋教育活動外収支差額）	877	3,131	4,327	6,297	5,420

　経常収支差額は, 8億7700万円, 31億3100万円, 43億2700万円, 62億9700万円と, 飛躍的に増加しています.

特別収入・特別支出・特別収支差額の推移

次に，特別収入と特別支出を見てみます．

事業活動収支計算書　特別収入・特別支出・特別収支差額

（百万円）

科　　目	2015年度	2016年度	2017年度	2018年度
資産売却差額	21	2,437	30	12
土地売却差額		2,378		7
建物売却差額				5
構築物売却差額				
有価証券売却差額	21	59	30	
その他の特別収入	158	426	76	92
施設設備寄付金	55	25	22	2
現物寄付	61	82	47	44
施設設備補助金	33	261	4	41
過年度修正額	9	58	4	6
特別収入計	180	2,862	106	104
資産処分差額	56	733	589	230
土地処分差額	1	0	182	166
建物処分差額	2	646	383	18
構築物処分差額	22	3	9	0
教研機器備品処分差額	16	64	14	18
管理用機器備品処分差額	3	6	0	1
図書処分差額	13	13	1	27
その他の特別支出	8	8	4	9
過年度修正額	8	8	4	9
特別支出計	64	741	593	239
特別収支差額	115	2,121	− 487	− 135

　特別収入と特別支出は，年度ごとの変化が大きいので，１年目と４年目の差額を出すことにあまり意味がありません．2016年度は，資産売却差額（売却益）が24億3700万円と大きく，特別収支差額はプラス21億2000万円でした．2017年度は，資産売却差額はわずか3000万円で，資産処分差額（土地や建物の処分損失）が５億8900万円あり，特別収支差額はマイナス４億8700万円になりました．

　その他の特別収入のなかの施設設備寄付金，現物寄付，施設設備補助金は，りっぱな教育活動収入です．そこで，特別収入から外して，教育活動収入に加

えることを提案しましたが（38ページ），ここでは金額が大きくないので，そのような組み替えはしませんでした．

基本金組入前収支差額（事業活動収支差額），基本金組入額合計，当年度収支差額，翌年度繰越収支差額の推移

　以上の事業活動収支のまとめが，利益にあたる事業活動収支差額です．採算を示す事業活動収支差額は，「基本金組入前当年度収支差額」と表示されています．

事業活動収支計算書　基本金組入前当年度収支差額から翌年度繰越収支差額まで

（百万円）

科　　　　　目	2015年度	2016年度	2017年度	2018年度
基本金組入前当年度収支差額	992	5,251	3,840	6,162
基本金組入額合計	−8,979	−5,067	−315	−5,765
当年度収支差額	−7,986	185	3,525	397
前年度繰越収支差額	−46,741	−54,727	−54,543	−51,017
基本金取崩額	0	0	0	0
翌年度繰越収支差額	−54,727	−54,543	−51,017	−50,621

　基本金組入前当年度収支差額は，9億9200万円，52億5100万円，38億4000万円，61億6200万円です．この金額が純資産額を増やします．

　その次の行が基本金組入額です．89億7900万円，50億6700万円，3億1500万円，57億6500万円が組み入れられました．金額が大きいのは，第1号基本金，つまり自己資金による施設設備の取得です．年度ごとにばらついていますが，全体としては旺盛（おうせい）な組み入れがおこなわれているといえます．

事業活動収支計算書　事業活動収入計，事業活動支出計

（百万円）

科　　　　　目	2015年度	2016年度	2017年度	2018年度
事業活動収入計	46,330	50,354	50,341	50,473
事業活動支出計	45,338	45,103	46,501	44,311

　事業活動収入は，2015年度の463億3000万円から，2018年度の504億7300万円へ，着実に増加しています．これに対して，事業活動支出は，2015年度の453

億3800万円から，増減がありますが，2018年度は443億1100万円と抑制気味に
推移しています．

7-3　活動区分資金収支計算書の分析

　3つめの計算書は，資金収支計算書です．分析するためには，組み替えをし
た活動区分資金収支計算書を使います．

教育活動による資金収支の推移

　まず教育活動による資金収支を見てみましょう．

活動区分資金収支計算書　教育活動による資金収支

（百万円）

科　　　　　目	2015年度	2016年度	2017年度	2018年度
学生生徒等納付金収入	36,101	38,396	40,199	40,227
手数料収入	3,289	3,767	3,868	3,673
特別寄付金収入	542	382	672	329
一般寄付金収入	32	25	23	50
経常費等補助金収入	4,246	2,908	3,282	4,401
付随事業収入	425	496	542	515
雑収入	1,091	1,128	1,259	788
教育活動資金収入計	45,726	47,101	49,845	49,983
人件費支出	26,040	26,438	26,881	25,968
教育研究経費支出	12,157	10,949	12,096	10,801
管理経費支出	1,989	1,865	1,758	1,843
教育活動資金支出計	40,187	39,252	40,735	38,612
差引	5,540	7,849	9,110	11,371
調整勘定等	1,246	−81	−337	626
教育活動資金収支差額	6,785	7,768	8,774	11,996

　教育活動による資金収支の項目と金額は，減価償却額と現物寄付以外は，事
業活動収支計算書の教育活動収支の項目と同じです．したがって，ここでは内
訳には立ち入らずに，資金の流れ全体を見てみることにします．

　教育活動資金収入は，457億2600万円，471億100万円，498億4500万円，499
億8300万円と増えつづけています．3年前より42億5700万円の増加です．教育

活動区分資金収支計算書　施設整備活動による資金収支

（百万円）

科　　　　目	2015年度	2016年度	2017年度	2018年度
施設設備寄付金収入	55	25	22	2
施設設備補助金収入	33	261	4	41
施設設備売却収入	0	2,400	52	56
施設整備活動収入計	88	2,685	78	98
施設関係支出	9,402	5,885	2,511	8,237
設備関係支出	1,784	874	1,779	1,247
施設整備活動支出計	11,186	6,759	4,290	9,485
差引	−11,098	−4,074	−4,211	−9,387
調整勘定等	1,595	−1,725	1,016	−71
施設整備活動資金収支差額	−9,503	−5,799	−3,195	−9,457

活動資金支出は，401億8700万円，392億5200万円，407億3500万円，386億1200万円と，ほとんど増えていません．調整勘定による調整後の教育活動資金収支差額は，教育活動からの支払資金（現金預金）の増減額ですが，67億8500万円，77億6800万円，87億7400万円，119億9600万円と，急激に増えています．

施設整備活動による資金収支の推移

　次に，施設整備活動による資金収支です．第2号基本金引当特定資産や減価償却引当特定資産といった金融資産は，財務活動による資金収支に移してあります．

　施設設備をおこなうために外部から受け取った寄付金，補助金，それから施設設備を売却することによって得られた収入の合計は，8800万円，26億8500万円，7800万円，9800万円と推移しました．2016年度の施設設備売却収入は24億円でした．都心の不動産売却は，多額にのぼります．

　同時に，施設設備の取得は，111億8600万円，67億5900万円，42億9000万円，94億8500万円と巨額です．しかし貸借対照表で，有形固定資産の金額は1385億円から1412億円と，さほど増えていません．その理由は，毎年，以下の通り，減価償却額（事業活動収支計算書）が計上されているからです．50億円を超える施設整備をしないと，有形固定資産額は増えません．

科　　　　　　目	2015年度	2016年度	2017年度	2018年度
減価償却額	5,078	5,173	5,242	5,373

　施設整備に関係する収入と支出との差額を出して，これに調整勘定を加減した金額が，施設整備活動資金収支差額です．支出超過になるのが通常で，95億300万円，57億9900万円，31億9500万円，94億5700万円の支出超過です．調整勘定が大きいのは，未払金の額が大きく，影響が大きいためだと考えられます．

教育活動と施設整備活動の資金収支をまとめた小計

　ここで，教育活動と施設整備活動の資金収支をまとめた「小計」を見てみましょう．

（百万円）

科　　　　　　目	2015年度	2016年度	2017年度	2018年度
小計（教育活動資金収支差額＋施設整備活動資金収支差額）	−2,718	1,970	5,578	2,539

　これを読み取ると，3年間のお金の流れがわかります．

　2015年度は，教育活動から67億8500万円の収入超過がありました．施設整備関係は95億300万円の支出超過でしたから，27億1800万円，手持ちの金融資産を使いました．2016年度は，教育活動から77億6800万円の収入超過がありました．施設整備関係では57億9900万円の支出超過でしたので，19億7000万円の残余が出ました．手持ちの金融資産が増えました．2017年度は，教育活動から87億7400万円の収入超過がありました．施設整備関係では31億9500万円しか支出超過にならなかったので，55億7800万円，金融資産を増やしました．2018年度は，教育活動から119億9600万円の収入超過がありました．施設整備関係では95億5700万円の支出超過がありましたが，25億3900万円の資金残でした．

　教育活動の収入超過が8割増しているので，100億円を超える施設整備をおこなっても，余剰が生じています．

活動区分資金収支計算書　財務活動による資金収支

(百万円)

科　　　　　目	2015年度	2016年度	2017年度	2018年度
借入金等収入	0		0	
有価証券売却収入	2,078	2,260	1,030	400
減価償却引当特定資産取崩収入	4,679	4,282	2,435	5,353
退職給与引当特定資産取崩収入	1,224	1,334	1,523	696
教学改革引当特定資産取崩収入	4,695	1,068	354	
第3号基本金引当特定資産取崩収入		1,000		
立替金回収収入	0	7	1	0
貸付金回収収入	59	6	2	4
保証金回収収入	1	0	49	
預り金受入収入	134		98	40
小計	12,871	9,956	5,493	6,492
受取利息・配当金収入	410	362	346	341
収益事業収入	0	18	32	31
過年度修正収入	9	58	4	6
財務活動資金収入計	13,290	10,393	5,875	6,870
借入金等返済支出	592	502	503	502
有価証券購入支出	5,986	5,000	4,600	2,500
減価償却引当特定資産繰入支出	2,500	4,900	2,500	3,000
退職給与引当特定資産繰入支出	979	1,599	1,230	1,006
教学改革引当特定資産繰入支出	48	88	50	23
付属中高一貫教育引当特定資産繰入支出	1	1	5	
後援会学生・教育支援引当特定資産繰入支出	15	15	15	15
第3号基本金引当特定資産繰入支出	24	1,041	49	32
立替金支払支出	7	1	2	2
貸付金支払支出	0	0	0	
供託金支払支出		0	0	
保証金支払支出	1	1		0
預り金支払支出		80		
小計	10,152	13,229	8,955	7,080
借入金等利息支出	29	21	48	42
過年度修正支出	8	8	4	9
財務活動資金支出計	10,189	13,258	9,007	7,130
差引	3,101	−2,865	−3,133	−260
調整勘定等	0	0	0	0
財務活動資金収支差額	3,101	−2,865	−3,133	−260

財務活動による資金収支の推移

　この後の，財務活動による資金収支は，金融資産の貯め方と，さほどの金額ではない借入金や少額の債権債務の増減です．

　財務活動の資金収入のうち，有価証券売却収入から第3号基本金引当特定資産取崩収入までが，手持ちの金融資産の減少です．資金支出でも，有価証券購入支出から第3号基本金引当特定資産繰入支出までが，金融資産の増加，積み増しです．金融資産の増減を書き出すと以下の通りです．

（百万円）

科　　　　　目	2015年度	2016年度	2017年度	2018年度
金融資産取崩（収入）	12,677	9,943	5,342	6,449
金融資産繰入（支出）	9,552	12,644	8,450	6,575
金融資産純取崩額（収入超過額）	3,124	−2,700	−3,108	−127

　財務活動の差額は，それぞれプラス31億円，マイナス29億円，マイナス31億円，マイナス3億円ですが，この金額がほとんど，金融資産純取崩額と見合っていることがわかります．いずれにしても，手持ちの金融資産の取り崩しや積み増しの結果，現金預金が増えようと，減ろうと，財政に与える影響はありません．たくさん通帳をもっている人が，こっちの通帳からあっちの通帳に金額を移しても，全体としては意味がないのと同じことです．

資金収支の全体をながめます

　さて，全体をまとめてながめると，こういうことです．

（百万円）

科　　　　　目	2015年度	2016年度	2017年度	2018年度
教育活動資金収支差額	6,785	7,768	8,774	11,996
施設整備活動資金収支差額	−9,503	−5,799	−3,195	−9,457
小計	−2,718	1,970	5,578	2,539
財務活動資金収支差額	3,101	−2,865	−3,133	−260
支払資金の増減額	383	−895	2,446	2,279

　小計は，前述した通り，この期間に教育研究をおこない，施設を整備して，

お金が足りなかったのか余ったのかを示します．しかし財務活動の資金収支は主に，現金預金以外の金融資産の増減を示します．そこで，このような読み取りができます．

2015年度は，小計が27億1800万円の支出超過でした．そこで金融資産を取り崩したり（借り入れをする場合もある）して31億100万円のお金を作ったので，現金預金は3億8300万円増えました．

2016年度は，小計が19億7000万円の収入超過でしたが，これを上回る28億6500万円の金融資産の積み増しをしたので，現金預金が8億9500万円減りました．

2017年度は，55億7800万円の収入超過でしたが，31億3300万円の金融資産の積み増しをおこない，さらに24億4600万円の現金預金を増やしました．

2018年度は，25億3900万円の収入超過でしたが，2億6000万円しか金融資産を積み増さなかったので，現金預金が22億7900万円増えました．

財務活動のところは，引当特定資産，有価証券という現金預金以外の金融資産の増加・減少と手持ち現金預金の減少・増加との関係で理解する必要があります．資金収支計算書は，支払資金（現金預金）を計算するものだからです．

（百万円）

科　　　　　目	2015年度	2016年度	2017年度	2018年度
支払資金の増減額	383	−895	2,446	2,279
前年度繰越支払資金	6,571	6,954	6,060	8,505
翌年度繰越支払資金	6,954	6,060	8,505	10,784

最後の繰越支払資金の推移は，現金預金の変化を示すことになります．2014年度末の現金預金は65億7100万円，2015年度末は69億5400万円，2016年度末は60億6000万円，2017年度末は85億500万円，2018年度末は107億8400万円です．現金預金が増えていますが，仮に減っていても，他の金融資産をたくさんもっていればいいので，現金預金額に一喜一憂する必要はありません．

8 | 比率を使った分析

　前章までは，計算書の数字をそのまま並べてみる分析が主でした．このような分析を，実額の趨勢分析といいます．実額の状態，その変化を見ることで，大学全体の財政のありようがわかります．実額の趨勢分析は，基本であり，重要です．

　会計の数値を使う分析には，ほかに比率を使った分析があります．比率分析は，実額の分析を終えた後に活用するなら，有意義で「使える比率」ですが，単独で比率を取り上げて，これを何らかの平均と比べる，あるいは目標として掲げると，根拠の乏しい「使えない比率」になることが多いようです．

　本章では，比率の種類と活用の仕方について取り上げます．

　比率には，趨勢比率，構成比率，関係比率の３種類があります．事例として慶應義塾大学（同大学ホームページ掲載の2018年度決算書）を取り上げます．

8-1　趨勢比率

　第７章ですでに出てきましたが，何年間かの変化を見る場合には，「何パーセント増えた」とか「何倍になった」「何割減った」というような趨勢を示す前期比や指数が役に立ちます．たとえば以下のような欄を設けると，変化がわかりやすくなります．

	2015	2016	前期比	2017	前期比	2018	前期比	３年間の伸び
資産総額	300	310	103.3	290	93.5	320	110.3	1.07倍

　成長を見るには，2015年度を100とする指数法もあります．以下のようになります．

	2015	指数	2016	指数	2017	指数	2018	指数
資産総額	300	100	310	103.3	290	96.7	320	106.7

　指数法は，増加や減少が際立っている場合はわかりやすいのですが，激しく増減をしているときは使いにくい指標です．

　趨勢比率は，実額の変化を描き出すので，実額分析の補助をしてくれる「使える比率」です．

8-2　構成比率（100パーセント計算書）

　構成比率は，全体を100として，構成する各項目の割合をパーセントで示すものです．貸借対照表で，資産合計（負債と純資産の合計）を100として各項目の割合を計算する，あるいは事業活動収支計算書で，事業活動収入を100として各項目の割合を計算することは，よくおこなわれています．計算書全体を100とするので，100パーセント計算書といいます．

貸借対照表の構成比率

100％貸借対照表

（単位　％）

固定資産	89.1	負債の部合計	24.4
有形固定資産	55.6	固定負債	16.5
特定資産	30.8	長期借入金	1.4
その他の固定資産	2.8	その他の固定負債	15.1
流動資産	10.9	流動負債	7.9
現金預金	7.4	短期借入金	0.3
その他の流動資産	3.5	前受金	2.9
		その他の流動負債	4.7
		純資産の部合計	75.6
資産の部合計（総資産）	100.0	負債・純資産の部合計	100.0

貸借対照表では，資産合計（負債と純資産の合計も同額）を100として，各資産，負債，純資産項目の割合を計算し，その比重と変化を見ます．すべての項目について比率が計算できますが，なかでも以下の構成比率が重要です．これらは，貸借対照表の実額の推移に伴って構成比が変化していくので，実額推移分析との結びつきが強い比率です．

$$有形固定資産構成比率（\%）＝\frac{有形固定資産}{総資産}×100$$

$$金融資産構成比率（\%）＝\frac{各種引当特定資産＋現金預金＋有価証券}{総資産}×100$$

$$有利子負債構成比率（\%）＝\frac{短期借入金＋長期借入金}{総資産}×100$$

$$負債構成比率（\%）＝\frac{負債}{総資産}×100$$

$$純資産構成比率（\%）＝\frac{純資産}{総資産}×100$$

　慶應義塾大学の有形固定資産構成比率は55.6%，金融資産構成比率は38.2%です．慶應義塾大学の貸借対照表には，有価証券という科目はありませんので，分子は特定資産と現金預金の合計です．有利子負債構成比率はわずか1.7%で，負債構成比率は24.4%です．純資産構成比率は75.6%です．

事業活動収支計算書の構成比率
① 事業活動収入に対する構成比率

　事業活動収支計算書では，事業活動収入合計を100として，事業活動収入や事業活動支出の各項目の割合を調べます．分母が事業活動収入で分子が事業活動支出となる比率は，正確には構成比率ではありませんが，100パーセント計算書なのでここで取り上げます．

　これらのうちで，教職員に対してよく問題にされるのが人件費比率です．労働条件の不利益変更にあたって，理事会が「人件費比率が平均に比べて高い」と主張して，裁判で争点になる例もあります．「人件費比率が高いので教育研究経費比率が低い」などと，関連づけて主張される場合もあります．こうした

100％事業活動収支計算書

（単位　％）

〈事業活動収入〉　　　　　　　　〈事業活動支出〉

I　教育活動収支

〈事業活動収入〉		〈事業活動支出〉	
学生生徒等納付金	33.3	人件費	43.3
手数料	1.4	教育研究経費	49.5
寄付金	3.2	うち減価償却額	7.1
経常費等補助金	7.7	管理経費	2.9
その他の教育活動収入	48.7	うち減価償却額	0.2
教育活動収入計	94.4	教育活動支出計	95.8

教育活動収支差額　【A】　　　−1.4

II　教育活動外収支

教育活動外収入計	2.3	教育活動外支出計	0.1

教育活動外収支差額　【B】　　　2.1

III　経常収支

経常収支差額　【A＋B】　　　0.7

IV　特別収支

特別収入計	3.4	特別支出計	0.2

特別収支差額　【C】　　　3.2

V　事業活動収支

事業活動収入計	100.0	事業活動支出計	96.1

事業活動収支差額
【A＋B＋C】　　　3.9

支出の比率は，浪費にあたるものでないかぎりは，低ければ低いほど良いわけではありません．大学は営利を追求しているわけではないのです．前章までの実額分析による採算の状態を見ることは重要ですが，人件費比率だけを取り上げて，「低ければ低いほどいい」というような議論は感心できません．

90

$$\text{学生生徒等納付金比率（\%）} = \frac{\text{学生生徒等納付金}}{\text{事業活動収入}} \times 100$$

$$\text{寄付金比率（\%）} = \frac{\text{寄付金}}{\text{事業活動収入}} \times 100$$

$$\text{経常費補助金比率（\%）} = \frac{\text{経常費補助金}}{\text{事業活動収入}} \times 100$$

$$\text{人件費比率（\%）} = \frac{\text{人件費}}{\text{事業活動収入}} \times 100$$

$$\text{教育研究経費比率（\%）} = \frac{\text{教育研究経費}}{\text{事業活動収入}} \times 100$$

$$\text{管理経費比率（\%）} = \frac{\text{管理経費}}{\text{事業活動収入}} \times 100$$

$$\text{減価償却額比率（\%）} = \frac{\text{減価償却額}}{\text{事業活動収入}} \times 100$$

　慶應義塾大学の学生生徒等納付金比率は，33.3％です．低いように思えますが，これは大学病院による医療収入が大きな割合を占めているからです．医療収入は，ここでは「その他の教育活動収入」にまとめています．ちなみに学生生徒等納付金比率の，医歯系法人を除く全国平均（2017年度）は，72.6％です．寄付金比率は3.2％と，寄付金収入の割合が高くなっています．慶應義塾大学の寄付金額は，全国の私立大学でもトップクラスで，慶應義塾大学の特徴の一つといえます．経常費補助金比率は7.7％です．

　人件費比率の全国平均は50％前後ですが，慶應義塾大学は43.3％と，低い水準です．教育研究経費には，医療経費が含まれていることから，教育研究経費比率は49.5％と高い水準になっています．管理経費比率は2.9％，減価償却額比率は7.3％です．

　100％事業活動収支計算書から，病院をもっている大学の特徴が見えてきます．

② 　事業活動支出に対する構成比率
　事業活動支出を100として，事業活動支出の各項目の割合を調べる場合もあ

ります．これも構成比率です．事業活動収入が分母なのか，事業活動支出が分母なのかについては，注意してください．

$$人件費構成比率（\%）=\frac{人件費}{事業活動支出}\times100$$

$$教育研究経費構成比率（\%）=\frac{教育研究経費}{事業活動支出}\times100$$

$$管理経費構成比率（\%）=\frac{管理経費}{事業活動支出}\times100$$

$$減価償却額構成比率（\%）=\frac{減価償却額}{事業活動支出}\times100$$

③　収支差額の構成比率

　事業活動収支計算書では，教育活動収支差額，経常収支差額，事業活動収支差額といった収支差額について，それぞれの収入に対する比率が算定されます．事業活動収支差額の事業活動収入に対する割合である事業活動収支差額比率が最も重要です．これが一般企業の売上高当期利益率にあたります．

$$教育活動収支差額比率（\%）=\frac{教育活動収支差額}{教育活動収入}\times100$$

$$経常収支差額比率（\%）=\frac{経常収支差額}{（教育活動収入＋教育活動外収入）}\times100$$

$$事業活動収支差額比率（\%）=\frac{事業活動収支差額}{事業活動収入}\times100$$

④　基本金組み入れ比率，当年度収支差額比率

$$基本金組み入れ比率（\%）=\frac{基本金組入額}{事業活動収入}\times100$$

$$当年度収支差額比率（\%）=\frac{当年度収支差額}{事業活動収入}\times100$$

基本金組み入れ比率は，主として，施設整備を自己資金でおこなうと組み入れる第1号基本金組入額の多寡によって決まります．全国平均（2017年度）は10.8％です．旺盛な施設整備がおこなわれていることがわかります．基本金組み入れを引き算した後の当年度収支差額の比率は，マイナス5.8％です．マイナスであることが常態です．

活動区分資金収支計算書の構成比率

　資金収支には，手持ちの金融資産の取り崩し・積み増しが，収入・支出とカウントされるため，全体を示す適切な収入額がありません．個々で構成比率として紹介できるものは，教育活動による資金収支に関する比率です．

$$教育活動資金収支差額比率（\%）=\frac{教育活動資金収支差額}{教育活動資金収入}\times100$$

首都圏私大の教育活動資金収支差額比率（2018年度）

	慶應	早稲田	法政	中央	明治	立教	青山	東洋	専修	日大
教育活動資金収入（億円）	1539	993	500	444	529	336	348	441	242	1906
教育活動資金収支差額（億円）	127	121	120	61	66	58	50	96	30	226
教育活動資金収支差額比率(％)	8.3	12.2	24.0	13.8	12.4	17.4	14.2	21.7	12.3	11.9

　構成比率（100パーセント計算書）は，事実を淡々と示すだけなので，実額の分析とともに「使える比率」「使いやすい比率」です．人件費比率，事業活動収支差額比率，基本金組み入れ比率，教育活動資金収支差額比率などの，平均との比較もよくおこなわれます．しかし大切なのは，その大学の今を知ることなのですから，参考になることはあっても，目標にすべきではありません．

8-3 関係比率

　ある項目とある項目とのあいだに関係があるとして，比率を作り，その高低で良否を判定する比率を，関係比率といいます．果たして関係があるのかどうか，比率に基づいてどのような判断ができるのか，疑問に思える比率もあります．また，営利企業では意味があっても，大学の分析としては「使えない」「使ってはいけない」比率もあります．

資本利益率は大学では使えない

　営利を目的とする企業では，儲ける力（収益力といいます）を測る比率として，資本利益率（利益÷資本）という考え方をします．大学でいえば，総資産・事業活動収支差額比率（事業活動収支差額÷総資産）や，純資産・事業活動収支差額比率（事業活動収支差額÷純資産）です．

　資本利益率には，事業活動収支差額（利益）を増やすだけでなく，利益を生まない資産をもってはいけないという考えや，純資産が「資本」であるから資本に見合う儲けをあげるべきという考えがあります．

　しかし大学では，教育・研究のために必要な資産はもつべきです．また近年は，借り入れはせずに自前で資金調達をしようという考え方が強いので，総資産や純資産を小さくしようという考えは成り立ちません．

固定比率，固定長期適合率，流動比率も大学では使えない

　固定比率，固定長期適合率は，以下の通りです．

$$固定比率（\%）＝\frac{固定資産}{純資産}\times 100$$

$$固定長期適合率（\%）＝\frac{固定資産}{（純資産＋固定負債）}\times 100$$

$$流動比率（\%）＝\frac{流動資産}{流動負債}\times 100$$

　企業の場合，固定資産のうち割合が大きいのは工場などの有形固定資産であ

り，こうした固定資産は長期にわたって保有され，投下された資金が長期間拘束されるため，自前で資金調達するべきだという考えがあります．ところが大学の場合，固定資産のなかに特定資産という金融資産があり，その割合も大きくなっているので，固定比率や固定長期適合率は使えません．

分子を固定資産全体ではなく，固定資産から特定資産とその他の固定資産を除いて有形固定資産とするならば，意味があります．

流動比率も，流動資産のほかに，固定資産のなかに換金性の高い特定資産があるのですから，有効な比率ではありません．

私大で使う関係比率

よく使われるのは，以下の比率です．

① 前受金保有比率

$$前受金保有比率（\%）=\frac{現金預金}{前受金}\times100$$

この比率は，前受金よりも現金預金のほうが上回っているべきであるという比率で，実際，ほとんどの大学で100％を上回っているはずです．しかし現金預金は，必要な運転資金額を超えてしまえば，有価証券を購入して運用することもあるわけで，この比率が高いほうがいいとは一概にいえません．

② 退職給与引当特定資産保有率

$$退職給与引当特定資産保有率（\%）=\frac{退職給与引当特定資産}{退職給与引当金}\times100$$

退職給与引当金は，期末要支給額の全額を引き当てるというのが決まり（文科省通知，29ページ参照）ですが，退職給与引当特定資産は，設定も積み立ても自由です．一度，積み立てると，教職員の目があって取り崩しをしづらいので，50％程度を積み立てている大学が多いようです．

③　減価償却比率

$$減価償却比率（\%）=\frac{減価償却累計額}{有形固定資産（簿価）+減価償却累計額}\times100$$

　この比率は，施設・設備の取得原価のうち，どの程度が減価償却額として，事業活動収支計算書に計上されてきたかを示しています．新規投資を抑えていると，比率は高くなります．減価償却額を計上し終わった施設を除却したり売却したりすると，比率は下がります．

④　人件費依存率

$$人件費依存率（\%）=\frac{人件費}{学生生徒等納付金}\times100$$

　人件費などの支出は，学生生徒等納付金だけから支払われるわけではありません．また比率としては，人件費ではなく，教育研究経費依存率や管理経費依存率という比率があってもおかしくはないのですが，もっぱら人件費依存率の高低が取り上げられます．この比率も，平均をめざすよりも，事業活動収支全体をまず判断すべきです．

　これらの比率は，背景にある事実を明らかにしないかぎり，良否を判定することはできません．たとえば慶應義塾大学の人件費依存率は130.0％です．この比率の高さには，医歯薬系大学であることと，小学校から高校までの付属校の存在を考慮に入れなければなりません．関係比率は，実額分析に比べて，一面を強調しがちであるので，「使いにくい」比率であるということができます．

8-4　事業団が使っている指標

　ここでは比率分析の例として，日本私立学校振興・共済事業団（以下，事業団）の『私学の経営分析と経営改善計画』が「財務比率等に関するチェックリスト」で重視している5つの指標について解説します．

*　日本私立学校振興・共済事業団は，「私立学校の教育の充実及び向上並びにその経営の安定並びに私立学校教職員の福利厚生を図るため，補助金の交付，資金の貸付けその他私立学校教育に対する援助に必要な業務を総合的かつ効率的に行うとともに，私立学校教職員共済法の規定による共済制度を運営し，もって私立学校教育の振興に資することを目的とする」（日本私立学校振興・共済事業団法第1条）文科省所管の特殊法人．

　カコミの中は，事業団が示している考え方です．

［事業活動収支に関する比率］

---

①　経常収支差額比率

【計算式】

$$経常収支差額比率（\%）=\frac{（経常収入－経常支出）}{経常収入}×100$$

【評価】　10％以上を安定的に確保することが望まれます（平成27年度大学法人平均3.5％）．

《絶対評価》　学校法人を継続的に維持するためには，毎期基本金組入相当のプラスを確保することが必要であることから，10％を目標値としています．

　事業活動収支差額比率ではなく，経常収支差額比率を用いていることに注意を払う必要がありますが，それについてはコラムで確認することとします（100ページ）．ここでは，絶対評価として10％という高い目標値を定めていることを問題にします．「平成27年度大学法人平均3.5％」と示されているものを，どうして10％に引き上げて，基本金組み入れ後の当年度収支差額のマイナスを避けなければならないのでしょうか．基本金組み入れ制度については，第5章で述べたのでくり返しませんが，事業団の比率による誘導は，無用なアナウンス効果をねらっているもので，問題です．

②　人件費比率

【計算式】

$$人件費比率（％）＝\frac{人件費}{経常収入}×100$$

【評価】　50％未満が望まれます（平成27年度大学法人平均49.9％）.
《絶対評価》人件費比率50％未満を維持することを達成目標値とし，60％
を上限としています.

なぜ人件費比率だけを，基本的な5つの比率の一つにしているのでしょうか.
私的な運営をおこなう理事会のもとでは，管理経費だけでなく，教育研究経費
まで私的に使用されている場合があります. こうした経費を不問のままに，人
件費比率を下げるという目標を掲げて，任期制教員の採用，職員業務の外部委
託などが進められてきました. 人件費だけを下げればいいという考えは，教
育・研究現場にそぐわないものです.

［活動区分資金収支に関する比率］

③　教育活動資金収支差額比率
【計算式】

$$教育活動資金収支差額比率（％）＝\frac{教育活動資金収支差額}{教育活動資金収入計}×100$$

【評価】　20％以上が望まれます（平成27年度大学法人平均11.8％）.
《絶対評価》20％以上を安定的に確保することを目標としています.

教育活動資金収支差額比率20％を安定的に確保することを目標として掲げて
いますが，この目標は，金融資産を増やすだけとなる危険性があります. 事業
団は，金融資産を増やせば増やすほど良い大学であるという「大学観」をもっ
ていると考えざるをえません.

［運用資産に関する比率］

④　積立率
【計算式】

$$積立率（\%）＝\frac{運用資産}{要積立額}×100$$

運用資産＝現金預金＋特定預金＋有価証券

要積立額＝減価償却累計額＋退職給与引当金＋第2号基本金＋第3号基本金

【評価】 要積立額に対して，運用資産を100％以上保有していることが望まれます（平成27年度大学法人平均74.0％）．

《絶対評価》要積立額に対して，運用資産を100％保有することを目標としています．

　分母のなかで要積立額とされている減価償却累計額が特に問題です．ここでも，すべての施設設備を建て替えるための金融資産を保有せよ，という不合理な貯めこみが推奨されています．

［外部負債に関する比率］

⑤　流動比率

【計算式】

$$流動比率（\%）＝\frac{流動資産}{流動負債}×100$$

【評価】 一般的に200％以上あれば優良，100％を切っている場合は資金繰りに窮している状況とされています（平成27年度大学法人平均248.2％）．

《絶対評価》100％を最低限とし，200％以上を目標値としています．

　流動比率については，流動資産には含まれていない有価証券や特定資産を加算するべきです．

　これらの比率のうち，①，③，④の比率は，いずれも平均を超えて利益をあげる，利益を貯めることをめざしています．2015年度の大学法人平均①は3.5％，③は11.8％，④は74.0％であり，それぞれ10％，20％，100％以上とすることが「望まれる」というのは，過剰な利益拡大・蓄積へ誘導するものとい

えます．⑤流動比率は，200％を目標としていますが，大学法人平均の流動比率は248.2％（2015年度）となっており，すでに流動性は十分であることを示しています．①，③，④の比率で，利益を増やす，お金を貯めることを目標とすれば，⑤の流動比率はさらに上昇するでしょう．

　大学の社会的使命を考えるとき，公的な存在である事業団が，「教育・研究滅びて，金融資産残る」をめざしているととられかねない指導をおこなっていることは，たいへん残念なことです．

コラム｜事業活動収支差額か経常収支差額か

　事業団は，事業活動収支差額よりも，経常収支差額を重視しています．比率でも判断指標（第11章）でも経常収支差額を用いています．本書では，2つの理由で，事業活動収支差額を，したがって比率については事業活動収支差額比率を，重視することを推奨します．

　理由の1つは，特別収益に計上されている施設設備補助金，施設設備寄付金が本来，教育活動収入であることです．教育活動支出には減価償却額，図書の廃棄損，備品の消耗損など，有形固定資産についての支出が計上されているのに，有形固定資産を取得するための補助金，寄付金が特別収入となっているのは，対応していません．

　理由の2つめは，特別収入や特別支出が多額である大学が少なからずあることです．事例の慶應義塾大学では，経常収支差額比率は0.7％でしたが，特別収支が3.2％のプラスであったために，事業活動収支差額比率はプラス3.9％になりました．特別収支のプラスの原因が施設補助金，寄付金であったにしろ，資産売却差額であったにしろ，その影響は大きいので，事業活動収支比率を軽視して，経常収支差額比率だけを重視することはできません．

　経常収支差額や事業活動収支差額の意味を理解して両方を用いるのであればまだしも，2つのうち1つを選ぶのであれば，事業活動収支差額と事業活動収支差額比率のほうが，偏りがなく有効な指標であるということができます．

9 財産目録，内訳表・明細表，貸借対照表の注記，収益事業の決算書

　前章までは，貸借対照表，事業活動収支計算書，活動区分資金収支計算書という，3つの基本的な決算書の分析を学びました．しかし決算書はあくまでも骨組みであり，3つの基本的な決算書の分析は，いわば大状況を明らかにするものです．また，決算書の金額の変化を読み取っても，その変化のもととなっている事実はわかりません．「何があったの？」「どうしてこうなるの？」の問いには，学外者はもちろんのこと，教職員ら学内者，時には理事も，説明されなければわからないことが多いのです．

　近年，決算書だけでなく，多くの情報が開示されるようになりました．決算書の金額だけではわからない重要な事実について，開示する必要があると考えられるようになってきたからです．2019年私立学校法の改正は情報の公表を定め，文科省は，本章で取り上げる内訳表や明細表も含めて，積極的な情報公開に努めるよう私大に求めています．

　ここでは，いくつかの大学の事例を参考に，どのようなものが作成され，開示されることになっているかを紹介します．これらがホームページで公開されているか，どれほどの詳しさなのかは，大学により異なっているのが現状です．各私立大学は財務情報を文科省には提出しているのですから，公表を求めていきましょう．

9-1　財産目録

　財産目録は，文字通りすべての資産と負債を載せた目録であり，学部の増設，寄付行為の改正を申請するときに作成されています．この形式に近い財産目録の一部を掲げます．残念ながら，多くの大学では，ここまで詳しい財産目録は開示されていません．

財産目録の「土地」の表記

	所在地		数量	地積m²	価額	取得価額	取得日
校地	東京都○○区○○町	11番4	1	281	2,032,250		昭和5.11.21
	〃	21番4	1	5,571	105,000,700		昭和23.7.1
小計	○○校地		2	5,852	107,032,950	107,032,950	
校地	東京都△△市△△町 ××	1600番1	1	90,623			昭和57.10.7
		1673番1	1	9,827			昭和55.7.21
		1712番	1	4,219			平成14.3.30
		1729番5	1	49			平成2.5.15
	東京都△△市△△町 □□	3939番	1	81			昭和55.7.20
		3935番1	1	1,463			〃
		3990番	1	135			〃
		4000番2	1	83			昭和55.9.15
		4000番5	1	62,565			昭和60.6.20
		4003番1	1	1,389			昭和55.7.20
		4003番3	1	394	※昭和60.5.29付　△△市地上権設定（トンネル築造による）無期限		昭和55.9.15
		4011番4	1	413			昭和59.5.15
		4011番11	1	44			昭和58.6.26
		4016番2	1	631			昭和60.8.1
		4016番1	1	7,752			昭和55.7.20
		4056番3	1	21			〃
小計	△△市校地		16	179,689	4,618,572,759	4,618,572,759	

財産目録の「退職給与引当特定資産」の表記

	種類	預入先	期間	利率（％）	金額
退職給与引当特定資産	定期預金	みずほ銀行○○支店	元.9.20	0.010	60,000,000
〃	普通預金	〃	—	0.001	580,185,466
〃	有価証券	三菱 UFJ モルガン・スタンレー証券	8.3.1	2.333	105,798,622
計					745,984,088

資産では，基本財産として，土地，校舎，構築物，機器備品等が載っています．減価償却が終わった資産は，「100円」などの備忘金額が示されます．土地は地番まで載っていますから，現地を確認することができます．

運用財産は，現金預金，特定資産のほか，土地，建物等があります．現金預金，特定資産の預入先や期間，利率がわかりますし，利率の高い有価証券が抱えるリスクがわかります．土地が賃貸事業に提供されていることや，現在使われていない遊休資産があることがわかる場合もあります．

負債については，未払金や預り金の明細がわかります．

9-2　内訳表・明細表

学校法人会計基準の第4条は，次の内訳表，明細表を作成するよう求めています．

> 資金収支内訳表
> 人件費支出内訳表
> 事業活動収支内訳表
> 固定資産明細表
> 借入金明細表
> 基本金明細表

これらは，閲覧を求める学内者にはコピーを渡す大学もありますが，提供をしてくれない大学も多くあります．これらのうち，資金収支内訳表，事業活動収支内訳表は，文科省に届け出なければなりませんが，公認会計士または監査法人による会計監査の対象ではありません．

資金収支内訳表や人件費内訳表には，学校法人や学校単位だけでなく，大学の学部や短大の学科ごとに内訳が示されます．これに対して事業活動収支内訳表には，学部や学科の区分はありません．

資金収支内訳表（学校法人会計基準第13条第2項，第二号様式）

　資金収支計算書と違って，内訳表には調整勘定はありません．学校法人，大学・学部別，短大，高校，中学の区分がされています．

資金収支内訳表（部分）

収入の部　　　　　　　　　　　　　　　　　　　　　　　　　　　　　（単位：百万円）

| 部門／科目 | 学校法人 | T学院大学 | | | | □□大学××学部 | T学院高等学校 | T学院中学校 | 総額 |
		大学院	○○学部	△△学部	計				
学生生徒等納付金	0	3	1,728	219	1,951	606	145	42	2,744
授業料収入	0	3	1,195	115	1,313	388	95	29	1,826
入学金収入	0	0	86	41	127	44	13	4	188
実験実習料収入	0	0	40	12	52	23	0	0	75
施設設備資金収入	0	0	407	51	459	151	32	8	650
環境整備費収入	0	0	0	0	0	0	5	1	6
手数料収入	0	0	20	18	37	10	1	1	49
入学検定料収入	0	0	13	17	30	9	1	1	40
試験料収入	0	0	0	0	0	0	0	0	0
証明手数料収入	0	0	3	0	3	0	0	0	3
大学入試センター試験実施手数料収入	0	0	4	0	5	1	0	0	5
寄付金収入	7	0	0	0	1	0	0	0	7
特別寄付金収入（教育）	7	0	0	0	1	0	0	0	7
一般寄付金収入（教育）	0	0	0	0	1	0	0	0	1
補助金収入	0	0	184	16	200	133	197	74	605
国庫補助金収入	0	0	183	16	200	133	0	0	333
私大等経常費補助金収入	0	0	157	16	173	133	0	0	306
その他の国庫補助金収入（教育）	0	0	19	0	19	0	0	0	19
その他の国庫補助金収入（施設設備）	0	0	7	0	7	1	0	0	8
地方公共団体収入	0	0	0	0	0	0	197	74	271
東京都補助金収入	0	0	0	0	0	0	197	74	271
その他の補助金収入	0	0	1	0	1	0	0	0	1

人件費支出内訳表（第三号様式）

　教員人件費と職員人件費を，本務と兼務に区分しています．さらに本務教員・本務職員への支出額の内容を，本俸，期末手当，その他の手当，所定福利費に区分し，そのほかに役員報酬，退職金（教員，職員，役員）を記載します．部門ごとの区分は，資金収支内訳表と同一なので，人件費支出の科目明細だけ次ページに掲げます．

人件費支出内訳表（部分）

科目	部門
教員人件費支出	
本務教員	
本俸	
期末手当	
その他の手当	
通勤手当	
所定福利費	
退職金財団・私学財団負担金	
兼務教員	
職員人件費支出	
本務職員	
本俸	
期末手当	
その他の手当	
通勤手当	
所定福利費	
退職金財団・私学財団負担金	
兼務職員	
役員報酬支出	
退職金支出	
教員	
職員	
役員	
人件費の合計	

事業活動収支内訳表（第六号様式）

　事業活動収支計算書の教育活動収支，教育活動外収支，特別収支，基本金組入前当年度収支差額，基本金組入額，当年度収支差額が，部門別に示されます．部門別の採算が強調されるとき，重要な計算書になります．

事業活動収支内訳表（部分）

（単位：百万円）

		科目 ＼ 部門	学校法人	T学院大学	□□大学	T学院高等学校	T学院中学校	総額
教育活動収支	事業活動収入の部	学生生徒等納付金	0	1,951	606	145	42	2,744
		授業料	0	1,313	388	95	29	1,826
		入学金	0	127	44	13	4	188
		実験実習料	0	52	23	0	0	75
		施設設備資金	0	459	151	32	8	650
		環境整備費	0	0	0	5	1	6
		手数料	0	37	10	1	1	49
		入学検定料	0	30	9	1	1	40
		試験料	0	0	0	0	0	0
		証明手数料	0	3	0	0	0	3
		大学入試センター試験実施手数料	0	5	1	0	0	5
		寄付金	7	1	0	0	0	7
		特別寄付金（教育）	7	0	0	0	0	7
		一般寄付金（教育）	0	1	0	0	0	1
		経常費等補助金	0	193	133	195	64	585
		国庫補助金（教育）	0	192	133	0	0	325
		地方公共団体補助金（教育）	0	0	0	195	64	260
		その他の補助金（教育）	0	1	0	0	0	1
		付随事業収入	0	5	8	0	0	13
		補助活動収入	0	0	7	0	0	7
		受託事業収入	0	5	1	0	0	6
		雑収入	4	89	312	27	0	432
		施設設備利用料収入	0	1	2	0	0	4
		退職金財団・私学財団収入	0	81	305	0	0	386
		東京都私学財団収入	0	0	0	26	0	26
		科研費間接経費収入	0	2	0	0	0	2
		その他の雑収入	4	5	4	0	0	14
		教育活動収入計	11	2,276	1,069	368	108	3,832
〜〜	〜〜	〜〜〜〜〜〜〜〜	〜〜	〜〜	〜〜	〜〜	〜〜	〜〜
		基本金組入前当年度収支差額	△4	265	115	18	△57	337
		基本金組入額合計	0	△35	0	△27	0	△62
		当年度収支差額	△4	230	115	△9	△57	275
（参考）								
		事業活動収入計	226	2,649	1,237	371	128	4,611
		事業活動支出計	230	2,384	1,122	353	185	4,274

固定資産明細表（第八号様式）

　有形固定資産，特定資産，その他の固定資産を記載します．増加と減少を資産の科目ごとに記載し，大きな増加・減少がある場合には，内容を注記します．財産目録と比べて，財産内容についての情報が少ないです．

固定資産明細表

（単位　百万円）

科目		期首残高	当期増加額	当期減少額	期末残高	減価償却額の累計額	差引期末残高	摘要
有形固定資産	土地	5,011	0	1,348	3,663		3,663	
	建物	18,994	15	4,681	14,328	9,750	4,577	
	構築物	2,123	0	613	1,510	1,494	16	
	教育研究用機器備品	1,054	82	7	1,130	724	406	
	管理用機器備品	136	8	5	139	70	69	
	図書	413	14	3	425	229	196	
	車両	3	0	3	0	0	0	
	建設仮勘定	0	0	0	0		0	
	計	27,735	120	6,660	21,195	12,267	8,928	
特定資産	第2号基本金引当特定資産	203	101	101	203	0	203	
	第3号基本金引当特定資産	170	310	310	170	0	170	
	退職給与引当特定資産	782	370	508	644	0	644	
	施設拡充引当特定資産	110	80	50	140	0	140	
	計	1,265	861	969	1,157	0	1,157	
その他の固定資産	電話加入権	1	0	0	1	—	1	
	敷金	1	0	0	1	—	1	
	施設利用権	0	0	0	0	—	0	
	借地権	1	0	0	1	—	1	
	ソフトウェア	5	9	0	14	3	11	
	有価証券	18	10	10	18	—	18	
	収益事業元入金	20	0	0	20	—	20	
	長期貸付金	4	0	1	3	—	3	
	金銭信託	0	0	0	0	—	0	
	修学旅行費預り資産	13	12	13	13	—	13	
	計	63	31	24	70	3	67	
合　計		29,063	1,012	7,653	22,422	12,270	10,152	

借入金明細表（第九号様式）

　長期・短期の別に，借入金の増加額，減少額を記載します．借入先が日本私立学校振興・共済事業団等の公的金融機関と市中金融機関，その他の別に記載され，摘要欄には，借入金の使途と担保物件の種類が記載されています．

借入金明細表

（単位　万円）

		借入先	期首残高	当期増加額	当期減少額※	期末残高	利率	返済期限	摘要
長期借入金	公的金融機関	日本私立学校振興・共済事業団	21,000	0	4,700	16,300	0.3%	令和9年9月15日	平成29年度　一般施設費　担保土地
		日本私立学校振興・共済事業団	0	5,400	0	5,400	0.3%	令和10年9月15日	平成30年度　一般施設費　担保土地
		東京都私学財団	20	0	0	20	0.0%	令和3年3月10日	平成29年度　高等学校入学支度金貸付資金　無担保
		小　計	21,020	5,400	※4,700	21,720			
	市中金融機関	小　計	0	0	0	0			
	その他	小　計	0	0	0	0			
		計	21,020	5,400	※4,700	21,720			
短期借入金	公的金融機関	小　計	0	0	0	0			
	市中金融機関	○○銀行△△支店	0	2,000	2,000	0	0.6%	平成31年3月29日	支払資金
		小　計	0	0	2,000	0			
	その他	小　計	0	0	0	0			
	返済期限が1年以内の長期借入金		0	※4,700	4,700	0			
		計	0	2,000 ※4,700	6,700	0			
合　　計			21,020	7,400 ※4,700	6,700 ※4,700	21,720			

※当期減少額欄に掲載される金額は，短期借入金に振り替えられる返済期限1年以内の長期借入金の金額である．

基本金明細表（第十号様式，17高私参第1号）

　基本金組み入れ対象資産の取得と，基本金への組み入れ状況を示します．

　第1号基本金は，自己資金で取得した資産だけを組み入れます．前期繰越高から始まって，今年度必要となる組入高が「要組入高」に，そのうち組み入れた金額が「組入高」に，組み入れなかった金額（負債による取得や未払いのもの）が「未組入高」に載ります．前期まで未組入高であった金額のうち，借入金を返済した，未払金を支払った金額は，「過年度未組入れに係る当期組入れ」に書かれます．

基本金明細表（第1号基本金のみ）

（単位　百万円）

事　項	要組入高	組入高	未組入高	摘要
第1号基本金				
前期繰越高	66,460	65,564	896	リース等未払金
当期組入高				
1．建物				
○○キャンパスバリアフリー化改修工事	573	573		
△△キャンパスエレベーター更新工事	248	248		
当期取崩高	△ 22	△ 22		
過年度未組入れに係る当期組入れ		5	△ 5	未払金
小計	799	804	△ 5	
2．構築物				
当期組入高	22	22		
小計	22	22	0	
3．教育研究用機器備品				
教育AV装置一式	102	102		
当期取崩高	△ 307	△ 307		
過年度未組入れに係る当期組入れ		255	△ 255	リース未払金
小計	△ 205	50	△ 255	
4．管理用機器備品				
ネットワーク機器一式	33	33		
その他当期組入高	32	32	0	未払金
当期取崩高	△ 36	△ 36		
小計	29	29	0	
5．図書				
当期組入高	23	23		
当期取崩高	△ 557	△ 557		
小計	△ 534	△ 534	0	
6．車両				
当期組入高	4	4		
当期取崩高	0	0		
小計	4	4	0	
計	115	375	△ 260	
当期末残高	66,575	65,939	636	

第2号基本金と第3号基本金については，組み入れ計画や奨学基金の明細，運用収入などを記載した計画集計表，計画表が作成されています．計画の変更がくり返され，実施が先送りになっていないか，注意が必要です．

第2号基本金組入れに係る計画表と計画集計表

第2号基本金の組入れに係る計画集計表（2018年度）

（単位　百万円）

番号	計画の名称	第2号基本金当期末残高
1	学園整備拡充引当特定資産（学園将来計画）	800
	計	800

第2号基本金の組入れに係る計画表（2018年度）

番号：1

（単位　百万円）

計画の名称	学園整備拡充引当特定資産（学園将来計画）			
	決定機関	当初決定の年月日	変更決定の年月日	摘　要
固定資産の取得計画及び基本金組入計画の決定機関及び決定年月日	理事会	2018年3月8日	2019年3月15日	取得予定固定資産の追加（大学校地，大学校舎，大学校地・校舎） 取得年度の変更（総合体育館，2019年度から2020年度へ）及び追加 （大学校地　2022年度，大学校舎　2023年度，大学校地・校舎　2025年度） 所要見込額の変更（25億円から78億円へ） 組入予定額の変更（2019年度5億円から10億円，2020〜2021年度0円から8億円，2022〜2025年度0円から11億円へ）及び組入期間の変更（最終を2019年度から2025年度へ）

固定資産の取得計画及びその実行状況	取得予定固定資産（種類）	取得予定年度	取得年度	取得額	第2号基本金から第1号基本金への振替額	摘　要
	体育館施設 大学校地 大学校舎 大学校地・校舎	2020年度 2022年度 2023年度 2025年度				所要見込総額　1,000 所要見込総額　1,400 所要見込総額　1,500 所要見込総額　3,900

基本金組入計画及びその実行状況	組入計画年度	組入予定額		組入額		摘　要
	過年度分		300		300	
	2018年度		500		500	
	2019年度		1,000			
	2020〜2021年度	各	800			
	2022〜2025年度	各	1,100			
	計		7,800	計	800	第2号基本金当期末残高　800

9-3 貸借対照表の注記

　学校法人会計基準の第34条は，貸借対照表の注記事項を定めています．ある大学の資料を一部加工したものを事例にして紹介します．113〜116ページを見てください．

重要な会計方針

　引当金の計上基準や，有価証券の評価基準及び評価方法が述べられています．退職給与引当金は，期末要支給額を基礎にしていることと，大学教員および職員は私立大学退職金財団に，中高教員は東京都私学財団に，それぞれ異なる基準で積立をおこなっていることが説明されています．

　満期保有目的債券は，たとえば国債です．償却原価法とは，金融資産（金融負債）を債権額（債務額）と異なる金額で計上した場合に，その差額に相当する金額を弁済期（償還期）に至るまで毎期一定の方法で取得価額に加減する方法をいいます．

重要な会計方針の変更等

　事例にはありませんが，たとえば特定資産の統合や名称変更など，重要な変更があった場合に説明されます．

減価償却額の累計額の合計額

　当年度末までに事業活動収支計算書に計上された減価償却額の累計額です．

徴収不能引当金の合計額

　学生・教職員への貸付金，未収金について個別に見積もり，徴収不能引当金を引いた金額が，貸借対照表に載っています．その徴収不能引当金の合計額がここに記載されます．

担保に供されている資産の種類および額

　長期借入金の担保となっている土地・建物の金額が示されます．

翌会計年度以後の会計年度において
基本金への組入れを行うこととなる金額

　第1号基本金は，自己資金で購入したときに組み入れられ，負債（借入や未払い）となっている金額は返済や支払いを済ませたときに組み入れられるので，未組入額として注記されます．

当該会計年度の末日において第4号基本金に相当する資金を
有していない場合その旨と対策

　第4号基本金に相当する資金を有していない場合には，その事実と対策が記されます．

財政及び経営の状況を正確に判断するために必要な事項

　文科省の通知（25高私参第8号「学校法人会計基準の一部改正に伴う計算書類の作成について（通知）」2013年9月2日），日本公認会計士協会の学校法人委員会研究報告第16号（「計算書類の注記事項の記載に関するQ＆A」2014年12月2日）に，次のものが挙げられています．
- 有価証券の時価情報
- デリバティブ取引
- 学校法人の出資の会社に係る事項
- 主な外貨建資産・負債
- 偶発債務
- 通常の賃貸借取引に係る方法に準じた会計処理を行っている所有権移転外ファイナンス・リース取引
- 純額で表示した補助活動に係る収支
- 関連当事者との取引
- 後発事象
- 学校法人間の取引

などです．

　これらの多くは，この間，学校法人理事会の資産運用の失敗，放漫経営，財政私物化といった不祥事に対する社会的批判を受けて新設された項目です．有

価証券の時価情報，デリバティブ取引，学校法人の出資による会社に係る事項，関連当事者との取引などには，特に注意が必要です．

事例　貸借対照表の注記

１．重要な会計方針
　(1)　引当金の計上基準
　　　　徴収不能引当金
　　　　　　未収入金等の徴収不能に備えるため，個別に見積もった徴収見込額を計上している．
　　　　退職給与引当金
　　　　　　退職金の支給に備えるため，大学教員及び職員（学校法人・大学・高等学校・中学校）については，期末要支給額1,623,105,000　円の100%を基にして，私立大学退職金財団に対する掛金の累積額と交付金の累積額との繰入れ調整額を加減した金額から，東京都私学財団からの交付金相当額（専門学校の元教職員分）を控除した金額で計上している．
　　　　　　高等学校・中学校教員については，期末要支給額　　435,718,300　円の100%を基にして，東京都私学財団からの交付金相当額を控除した金額で計上している．
　(2)　その他の重要な会計方針
　　　　有価証券の評価基準及び評価方法
　　　　　　満期保有目的有価証券の評価基準は償却原価法である．
　　　　　　その他の有価証券の評価基準及び評価方法は移動平均法に基づく原価法である．
　　　　預り金その他経過項目に係る収支の表示方法
　　　　　　預り金に係る収入と支出は相殺して表示している．
　　　　スクールバスその他教育活動に付随する活動に係る収支の表示方法
　　　　　　補助活動に係る収支は総額で表示している．
２．重要な会計方針の変更等
　　　　記載すべき事項はない
３．減価償却額の累計額の合計額
　　　　54,981,866,272　円
４．徴収不能引当金の合計額
　　　　11,561,248　円（うち，学生・教職員貸付金に対する徴収不能引当金は10,237,140円）
　　　　学生・教職員貸付金および未収入学費は，徴収不能引当金額を控除した残額を記載している．
５．担保に供されている資産の種類及び額
　　　　　　　　　0　円
６．翌会計年度以後の会計年度において基本金への組入れを行うこととなる金額
　　　　467,006,182　円
７．当該会計年度の末日において第4号基本金に相当する資金を有していない場合その旨と対策
　　　　第4号基本金に相当する資金を有しており，該当しない．
８．その他財政及び経営の状況を正確に判断するために必要な事項
　(1)　有価証券の時価情報

① 総括表

（単位　円）

	当年度（2019年3月31日）		
	貸借対照表計上額	時　　価	差　　額
時価が貸借対照表計上額を超えるもの	2,200,000,000	2,265,382,500	65,382,500
（うち満期保有目的の債券）	(2,200,000,000)	(2,265,382,500)	65,382,500
時価が貸借対照表計上額を超えないもの	700,000,000	693,210,000	△6,790,000
（うち満期保有目的の債券）	(700,000,000)	(693,210,000)	(△6,790,000)
合　　　　　計	2,900,000,000	2,958,592,500	58,592,500
（うち満期保有目的の債券）	(2,900,000,000)	(2,958,592,500)	(58,592,500)
時価のない有価証券	1		
有価証券合計	2,900,000,001		

② 明細表

（単位　円）

種　　　類	当年度（2019年3月31日）		
	貸借対照表計上額	時　　価	差　　額
債券	2,900,000,000	2,958,592,500	58,592,500
株式	—	—	—
投資信託	—	—	—
貸付信託	—	—	—
その他	—	—	—
合　　　　　計	2,900,000,000	2,958,592,500	58,592,500
時価のない有価証券	1		
有価証券合計	2,900,000,001		

⑵　デリバティブ取引

　　　該当なし.

⑶　学校法人の出資による会社に係る事項

　　　当学校法人の出資割合が総出資額の2分の1以上である会社の状況は次のとおりである.

　　①　名称及び事業内容　　○○○株式会社　　建物の維持管理・利用運営・設計管理

　　②　資本金の額　　　　　　10,000,000　円

　　③　学校法人の出資金額等及び当該会社の総株式等に占める割合並びに当該株式等の入手日

　　　　2001年4月1日　　　　　　　　5,550,000　円　　　　　　　　222株

　　　　2001年5月31日　　　　　　　　　50,000　円　　　　　　　　　2株

　　　　総出資金額に占める割合　　　56.0%

　　④　当期中に学校法人が当該会社から受け入れた配当及び寄付の金額並びにその他の取引の額

当該会社からの受入額	受取賃料等	657,262,085
当該会社への支払額	委託費 建物管理費 損害保険費 修繕費 支払手数料	28,208,000 155,200,461 531,832 6,517,062 1,690,984

（単位　円）

	期首残高	資金支出等	資金収入等	期末残高
当該会社への出資金等	5,600,000	0	0	11,200,000
当該会社への未払金	17,867,288	16,245,028	17,867,288	16,245,028
当該会社への未収入金	23,691,571	23,691,571	21,529,337	21,529,337
当該会社への前払金	450,231	39,184	365,903	776,950
当該会社への前受金	157,550	457,550	457,550	457,550
当該会社への預り敷金	342,256,793	9,570,834	7,320,953	340,006,912

⑤　当該会社の債務に係る保証債務　学校法人は当該会社について債務保証を行っていない.

(4) 主な外貨建資産・負債

該当なし.

(5) 偶発債務

該当なし.

(6) 通常の賃貸借取引に係る方法に準じた会計処理を行っている所有権移転外ファイナンス・リース取引

①　2009年4月1日以降に開始したリース取引

該当なし.

②　2009年3月31日以前に開始したリース取引

該当なし.

(7) 純額で表示した補助活動に係る収支

該当なし.

(8) 関連当事者との取引

関連当事者との取引の内容は，次のとおりである.

属　性	役員，法人等の名称	住　所	資本金又は出資金	事業内容又は職業	議決権の所有割合	関係内容		取引の内容	取引金額	勘定科目	期末残高
						役員の兼任等	事実上の関係				
関係法人	○○生活協同組合（注1）	東京都○○市○○町××-×	198,326,400	生活用品・図書・機器備品・食品の販売及び旅行業者代理業務	－	兼任13名	図書・消耗品・機器備品の購入，店舗の無償貸与	図書・消耗品・機器備品の購入，店舗の無償貸与（注2）	80,694,534	未払金	161,724
職員が支配している会社	○○会社	東京都○○区○○×-×-×	3,000,000	学校施設のデザイン	－	兼任1名	設計委託契約の締結	○○改良工事B1図書館4F5F意匠設計	18,791,300	－	－
職員が支配している会社	○○事務所	東京都○○区○○×-×-×	5,000,000	設計管理業務	－	兼任2名	設計委託契約の締結	○○改良工事1F意匠設計	16,947,360	－	－
職員が支配している会社	○○事務所	東京都○○区○○××-×	－	意匠設計	－	兼任1名	建築士業務委託契約の締結	○○改良工事地下2F意匠設計	18,247,680	－	－

取引条件及び条件の決定方針等

（注1）　当法人の職員が理事の過半数を占めている．

（注2）　機器備品の購入は，当法人の購買規程により同組合以外からも複数の見積もりを入手し，市場の実勢価格を勘案して発注先及び価格を決定している．

(9)　後発事象

　　　該当なし．

(10)　学校法人間の財務取引

　　　該当なし．

9-4　収益事業の決算書

　学校法人は非課税ですが，利益を生む事業（収益事業といいます）をおこなっている場合には，その利益には課税されます．収益事業については，学校法人会計基準に拠らずに，貸借対照表と損益計算書を，企業会計の原則に従って作成することになっています（学校法人会計基準第3条）．

　貸借対照表の純資産は，元入金と利益剰余金から成っており，基本金組み入れはありません．

　ある大学の施設賃貸事業の損益計算書からは，賃貸料収入2億7800万円の事業で，学校会計へ2億1000万円の繰り入れがなされていることがわかります．

収益事業の損益計算書

損　益　計　算　書

自　平成30年4月1日

至　平成31年3月31日

（単位：百万円）

（経常損益の部）		
Ⅰ　営業損益		
（Ⅰ)営業収益		
賃貸料収入	278	278
（Ⅱ)営業費用		
損害保険料	0	
公租公課	23	
減価償却費	17	40
営業利益		238
Ⅱ　営業外損益		
（Ⅰ)営業外収益		
受取利息	0	
雑収入	1	1
（Ⅱ)営業外費用		
支払利息	0	0
経常利益		240
学校会計繰入額		210
税引前当期純利益		30
法人税・住民税及び事業税		34
当期利益		△4

10 | 学校法人会計基準の概要

10-1　学校法人会計基準の2013年改正

　学校法人会計基準は1971年に制定されました．その後何度か改正されましたが，2013年の改正が大きな改正で，現行の会計基準となっています．2013年の主な改正点を紹介します．

計算書の種類と名称

改正前
資金収支計算書
- 資金収支内訳表
- 人件費支出内訳表

消費収支計算書
- 消費収支内訳表

貸借対照表
- 固定資産明細表
- 借入金明細表
- 基本金明細表

改正後
資金収支計算書
- 資金収支内訳表
- 人件費支出内訳表
- **活動区分資金収支計算書**

事業活動収支計算書
- **事業活動収支内訳表**

貸借対照表
- 固定資産明細表
- 借入金明細表
- 基本金明細表

　改正前の資金収支計算書，消費収支計算書，貸借対照表から成るいわゆる財

務3表の体系は変わりませんでしたが，資金収支計算書に「活動区分資金収支計算書」が加わりました．この新たな計算書は，文科大臣所轄法人，つまり大学を設置している学校法人（以下，大学法人）だけが作成し，提出する義務を負っています．

　また消費収支計算書の名前が「事業活動収支計算書」に変わり，内訳表の名称も消費収支内訳表から「事業活動収支内訳表」に変わりました．

改正の主な内容

① 新しく登場した活動区分資金収支計算書（第14条の2第1項）

　資金収支計算書はそのままとし，資金収支計算書を組み替えた「活動区分資金収支計算書」の作成を新たに義務づけました．

　この計算書は，現金預金の流れを活動区分ごとに把握するもので，連結財務諸表を作成する上場企業に義務づけられているキャッシュフロー計算書の大学版です．

② 事業活動収支計算書は，年度の採算（損益）を示す金額である「基本金組入前収支差額」を表示（第16条第3項）

　旧基準の消費収支計算書は，「消費収入及び消費支出の内容及び均衡の状態を明らかにする」ことが目的とされ，消費収支計算は次のしくみになっていました．

帰属収入 − 基本金組入額 ＝ 消費収入
消費収入 − 　消費支出　 ＝ 消費収支差額

　帰属収入は収入の総額です．旧基準では，この帰属収入から基本金組み入れ額を差し引いたものを消費収入と呼んでいました．帰属収入という収入の総額から基本金組み入れ額を引いてしまう消費収入とは，いったい何なのでしょうか？「貯めてあった預金を取り崩して支払った住宅の建築費（第1号基本金組入額）を，今年の給料から差し引く？」これはどう考えても理解できないことでした．

消費支出は支出総額です．消費収入から消費支出を引いた差額を消費収支差額と呼び，この消費収支差額を計算するのが消費収支計算書の目的でした．

採算を示すのは，帰属収入から消費支出を差し引いた金額です．旧基準では，この金額はどこにも表示されませんでした．「帰属収入から消費支出を差し引いた金額」は，誰からともなく「帰属収支差額」と呼ばれるようになりました．

この帰属収支差額は損益の額であり，採算が取れているかどうかを示すものですから，いつのまにか普及していきました．しかし，教職員の解雇や労働条件の引き下げ，また学費値上げの口実として，帰属収支差額ではなく，基本金組入額分小さい消費収支差額が，利用されてきました．「目を曇らせる」ための計算書，それが旧基準の消費収支計算書でした．

改正によって，消費収支計算書は「事業活動収支計算書」と名前を変え，採算にあたる金額が明示されることになりました．

ただ残念なことに，基本金組み入れ制度は残されてしまったので，採算を示す事業活動収支差額は「基本金組入前当年度収支差額」などという，かわいそうな脇役の名前になっています．

③ 事業活動収支計算書は3つに区分（第15条関係）

事業活動収支計算書は，帰属収入にあたる事業活動収入，消費支出にあたる事業活動支出をそれぞれ，教育活動，教育外活動，特別の3つに区分し，区分ごとに収支差額を算出するようになりました．

④ 変更されなかった基本金組み入れ制度

問題の多い基本金組み入れ制度はそのまま残りました．変更点は，基本金を定めた第29条の「帰属収入」という用語を「事業活動収入」と名称変更しただけでした．

⑤ 固定資産に「その他固定資産」の新区分（第七号様式）

貸借対照表の資産のところで，固定資産が2区分から3区分に改正されました．従来は「有形固定資産」と「その他の固定資産」の2区分でしたが，新たに「特定資産」が加わり，「有形固定資産」「特定資産」「その他の固定資産」

の3区分となりました．特定資産とは「○○引当特定資産」という金融資産のことです．

⑥　表記されることになった「純資産」（第32条）

　貸借対照表の右側，「負債の部」の下に，これまで「基本金および消費収支差額の部」となっていたものを「純資産の部」と表示することになりました．この表記は，実に適切です．純資産の表記によって，貸借対照表の基本的な骨格，「資産＝負債＋純資産」が明確になりました．

10-2　学校法人会計基準の主な条文

　ここでは，学校法人会計基準が何を定めているのか，全体像を示しておきます．どこに何が書いてあるのかを知っていると便利です．

〈学校法人会計基準の目次〉
第1章　総則
第2章　資金収支計算及び資金収支計算書
第3章　事業活動収支計算及び事業活動収支計算書
第4章　貸借対照表
第5章　知事所轄学校法人に関する特例
第6章　幼保連携型認定こども園を設置する社会福祉法人に関する特例

　ここでは第1章から第4章までを解説します．

　学校法人会計基準は，本書の巻末に掲載してあります（解説は，新日本有限責任監査法人編『学校法人会計実務詳解ハンドブック』同文舘出版，を参考にしました）．

学校法人会計基準の基本的性格（第1章　総則）

　第1条は，学校法人会計基準の根拠が私立学校振興助成法にあることを述べています．

（学校法人会計の基準）

第1条　私立学校振興助成法（以下「法」という.）第14条第1項に規定する学校法人（以下「第6章を除き「学校法人」という.）は，この省令で定めるところに従い，会計処理を行い，財務計算に関する書類（以下「計算書類」という.）を作成しなければならない.

第2条は，真実性，複式簿記，明瞭性，継続性という会計原則を定めています.

（会計の原則）

第2条　学校法人は，次に掲げる原則によって，会計処理を行い，計算書類を作成しなければならない.

　一　財政及び経営の状況について真実な内容を表示すること.

　二　すべての取引について，複式簿記の原則によって，正確な会計帳簿を作成すること.

　三　財政及び経営の状況を正確に判断することができるように必要な会計事実を明りょうに表示すること.

　四　採用する会計処理の原則及び手続並びに計算書類の表示方法については，毎会計年度継続して適用し，みだりにこれを変更しないこと.

第3条は，収益事業会計についての会計処理および計算書類の作成は，「企業会計の原則に従って行わなければならない」としており，収益事業会計は学校法人会計基準とは別に計算書が作られることになります.

第4条は，計算書類の種類を定めています. いずれも様式が示され，作成を義務づけています. 計算書類のなかには，私立学校法では定めていない内訳表，明細表もあります. 財政分析のために，ぜひこれらの計算書類を開示させたいものです.

　なお，本書で財政分析を勉強する順番は，①貸借対照表，②事業活動収支計算書，③資金収支計算書と活動区分資金収支計算書でしたが，学校法人会計基準は反対の順番になっています．

資金収支計算書とそれに関連する内訳表
（第2章　資金収支計算及び資金収支計算書）

　第6条は，資金収支計算書の性格について規定しています．資金収支計算書は「当該会計年度の諸活動に対応するすべての収入及び支出の内容」と「当該会計年度における支払資金の収入及び支出のてん末」を明らかにするという2つの目的を，1つの計算書で表示します．この2つの目的は，計上時期が異なるため，調整勘定が必要になります．

出のてん末を明らかにするため，資金収支計算を行なうものとする.

第13条は，資金収支内訳表の部門ごとの区分について定めています.

> 一　学校法人
> 二　各学校
> 三　研究所
> 四　各病院
> 五　農場，演習林など

　2つ以上の学部を置く大学にあっては学部，2つ以上の学科を置く短期大学にあっては学科，2つ以上の課程を置く高等学校にあっては課程に，細分することとされています. こうした部門区分の考え方は，人件費支出内訳表にも適用されます.

　第14条の2は，新しく作成されることになった活動区分資金収支計算書について定めています. 大学法人だけが作成を義務づけられています. 資金収支計算書から，次の区分をおこなって，活動区分資金収支計算書を作成するとしています.

> 一　教育活動
> 二　施設若しくは設備の取得又は売却その他これらに類する活動
> 三　資金調達その他前2号に掲げる活動以外の活動

　前述の調整項目も，この区分に従って分けられます. 計算書には，調整項目の明細が注記されることになっています.

事業活動収支計算書とそれに関連する内訳表
（第3章　事業活動収支計算及び事業活動収支計算書）

　事業活動収支計算書の目的には基本金組み入れ制度が取り込まれており，第15条は，次のように複合的な目的を掲げています.

（事業活動収支計算の目的）

第15条　学校法人は，毎会計年度，当該会計年度の次に掲げる活動に対応
　　する事業活動収入及び事業活動支出の内容を明らかにするとともに，当
　　該会計年度において第29条及び第30条の規定により基本金に組み入れる
　　額（以下「基本金組入額」という．）を控除した当該会計年度の諸活動に
　　対応する全ての事業活動収入及び事業活動支出の均衡の状態を明らかに
　　するため，事業活動収支計算を行うものとする．
　一　教育活動
　二　教育活動以外の経常的な活動
　三　前2号に掲げる活動以外の活動

　「当該会計年度の次に掲げる活動に対応する事業活動収入及び事業活動支出
の内容を明らかにする」という部分は，損益計算書にあたり，事業活動収入と
事業活動支出の差額が採算（損益）です．ところが「基本金に組み入れる額を
控除した当該会計年度の諸活動に対応する全ての事業活動収入及び事業活動支
出の均衡の状態」ということで，基本金組み入れ後の差額を出すことが計算書
の最終目的であるとされてしまっています．

　「当該会計年度の諸活動に対応する全ての事業活動収入及び事業活動支出」
から基本金組み入れ額を差し引いた「均衡の状態」とは何なのでしょうか？
この答えは一切，示されていません．

　事業活動収支計算書は，教育活動収支，教育活動外収支，特別収支に分類さ
れ，それぞれ教育活動収支差額，教育活動外収支差額，特別収支差額を算定し
ます．教育活動収支差額と教育活動外収支差額の2つを合算した額を経常収支
差額と呼ぶようになりました．経常収支差額に特別収支差額を含めた金額が
「基本金組入前当年度収支差額」です．基本金組入前当年度収支差額は，事業
活動収入合計と事業活動支出合計との差額であり，旧基準の帰属収入と消費支
出の差額である「帰属収支差額」にあたります．

　事業活動収支内訳表は，資金収支内訳表や人件費内訳表とは異なって，大学
の学部別区分や短大の学科別区分は求められていません．

貸借対照表とそれに関連する明細表（第4章　貸借対照表）

① 資産の評価は取得原価

貸借対照表について，資産の評価は取得原価とする（第25条），減価償却は定額法でおこなう（第26条），有価証券の評価換え（第27条），徴収不能額の引当て（第28条）のみを規定し，具体的な項目は，別表にゆだねています．

別表第三は，第2号基本金引当特定資産と第3号基本金引当特定資産だけを挙げ，続いて（何）引当特定資産となっており，その他は任意です．退職給与引当特定資産の設定も任意です．

② 基本金の規定は第29条から第31条まで

（基本金）

第29条　学校法人が，その諸活動の計画に基づき必要な資産を継続的に保持するために維持すべきものとして，その事業活動収入のうちから組み入れた金額を基本金とする．

第5章で述べた通り，なぜ「必要な資産を継続的に保持するために維持すべき」金額が第1号から第4号までの基本金の金額であるかの説明がありません．

基本金の組み入れ金額の決め方については，第30条で第1号基本金から第4号基本金まで定めています．第30条の第2項では第2号基本金および第3号基本金については組み入れ計画が必要であることを，同条第3項では第1号基本金未組入額について述べています．第31条は，基本金の取り崩しの範囲を定めています．次に第30条第1項だけを掲げておきます．

（基本金への組入れ）

第30条　学校法人は，次に掲げる金額に相当する金額を，基本金に組み入れるものとする．

一　学校法人が設立当初に取得した固定資産（中略）で教育の用に供されるものの価額又は新たな学校（中略）の設置若しくは既設の学校の規模の拡大若しくは教育の充実向上のために取得した固定資産の価額

③　貸借対照表の記載方法

　第34条は，引当金の計上基準など重要な会計方針を脚注に載せることなどを定めています．減価償却累計額，徴収不能引当金，担保に供している資産の種類・金額，基本金未組入額，第4号基本金相当額を保有していない場合はその旨と対策などが挙げられています（111〜113ページ）．第8項に，「財政及び経営の状況を正確に判断するために必要な事項」という一般規定があります．これに基づいて，有価証券の時価情報と学校法人間の取引についての注記が，重要性がある場合には載ることになりました（25高私参第8号「学校法人会計基準の一部改正に伴う計算書類の作成について（通知)」2013年9月2日）（112〜116ページ）．

④　固定資産明細表，借入金明細表及び基本金明細表

　第36条に，固定資産明細表，借入金明細表及び基本金明細表の記載内容と様式が定められています．（107〜110ページ）

提言③ | 必要な学校法人会計基準のさらなる改正

基本金組み入れ制度について

現行の基本金組み入れ制度は，大学の財政を分析し理解しようとするものにとって，障害になっています．採算を示す「基本金組入前当年度収支差額」から基本金を差し引いた金額を，最終利益と錯覚させるような「当年度収支差額」（多くは「赤字」）と名づけていることで，採算をわかりにくくしています．

基本金組み入れ制度については，提言（56～57ページ）において，より良い基本金組み入れ制度を提案しました．基本金組み入れ制度の改善をしない場合でも，最低限，「基本金組入前当年度収支差額」を「当年度収支差額」に，「当年度収支差額」を「基本金組入後当年度収支差額」にするべきです．

計算書類の表示の仕方が不適切な項目について

計算書類の表示の仕方が不適切な項目があります．2つの組み換え方を提案しておきます．

① 事業活動収支計算書：特別収支の区分に分類されている施設設備寄付金，現物寄付，施設設備補助金を教育活動収支の区分に移す

② 活動区分資金収支計算書：施設整備等活動による資金収支の区分に分類されている引当特定資産の繰り入れ・取り崩しを，その他の活動による資金収支の区分に移す

①については金額が少額である大学も多く，組み替えをしなくても影響があまりない場合もありますが，②については，引当特定資産の種類も特定されておらず，金額も大きいので，必ず組み替えをするように提案しています．（60～63ページ）

上記の内容が，次の学校法人会計基準改正時に取り入れられることを期待しています．

11 | 事業団「経営判断指標」の問題点

11-1 「耐久テスト」と「貯めこみテスト」

　日本私立学校振興・共済事業団（以下，事業団）は，2007年，「学校法人活性化・再生研究会　最終報告」（『私立学校の経営革新と経営困難への対応』）において，「定量的な経営判断指標に基づく経営状態の区分」（以下，経営判断指標）を提示しました．その後，中央教育審議会大学分科会「中長期的な大学教育の在り方に関する第四次報告」（2010年）が「経営判断指標の精緻化」を求めたことを受けて，2012年に修正された経営判断指標が公表されました．2015年には学校法人会計基準の一部を改正する省令を受けて，経営判断指標が一部変更されました．

　2012年以降の経営判断指標は，必要以上に経営危機をあおったり，経営危機とはほど遠い大学の貯めこみを推奨したりして，財政状態の正確な認識を妨げています．ここでは「定量的な経営判断指標に基づく経営状態の区分（法人全体）平成27年版」を取り上げて，検討します．

　まず全体をながめてみましょう．経営判断指標における「経営状態の区分」は，フローチャートになっています（133ページ）．フローチャートの質問は以下の通りです．

質問①　教育活動資金収支差額が３か年のうち２か年以上赤字である
質問②　外部負債と運用資産を比較して外部負債が超過している
質問③　耐久年数により３つに区分
質問④　外部負債を約定年数又は10年以内に返済できない
質問⑤　修正前受金保有率100％未満

質問⑥　経常収支差額が３か年のうち２か年以上赤字である

質問⑦　黒字幅（経常収支差額比率）が10％未満か

質問⑧　積立率が100％未満か

　これらの質問によって判定され，区分されていきます．左はじからレッドゾーン，イエローゾーン，あいだに白を挟んで緑色と並んでいます．まるで赤，黄色，緑という交通信号の色です．レッドゾーンは「自力再生が極めて困難な状態」，イエローゾーンは「経営困難状態」，白は「イエローゾーンの予備的段階」，緑は「正常状態」とされています．イエローゾーンは濃いイエローゾーンと薄いイエローゾーンに分かれています．それぞれが細分化され，左はじのD3から右はじのA1まで14段階に区分されています．

　耐久年数により，レッドゾーン，濃いイエローゾーン，薄いイエローゾーンと３つに区分されています．耐久年数とは，破綻に至る年数とされています．破綻に至るとは，手持ち金融資産（運用資産）がなくなり借入金を返済できなくなる，人件費をはじめ支払いができなくなる，という，資金がショートする状態のことです．

　ここでは，質問①から質問④までの結果によって，レッドゾーン，イエローゾーンに区分していくまでを，「耐久テスト」と呼ぶことにします．質問⑥から質問⑧までの結果によって，イエローゾーンの予備的段階（白色）から右はじの正常状態（緑色）に区分していくまでを，金融資産の貯めこみが推奨されているので「貯めこみテスト」と呼ぶことにします．（質問⑤については，140ページ参照.）

11-2　耐久テストのフローチャートは行ったり来たり

　まず耐久テストから見ていきましょう．耐久テストのフローチャートは，きれいに分岐していきません．

　質問①「教育活動資金収支差額が３か年のうち２か年以上赤字である」が「はい」であると，質問②「外部負債と運用資産を比較して外部負債が超過している」に進みます．質問②は「はい」でも「いいえ」でも，質問③の「耐久

事業団「経営判断指標」

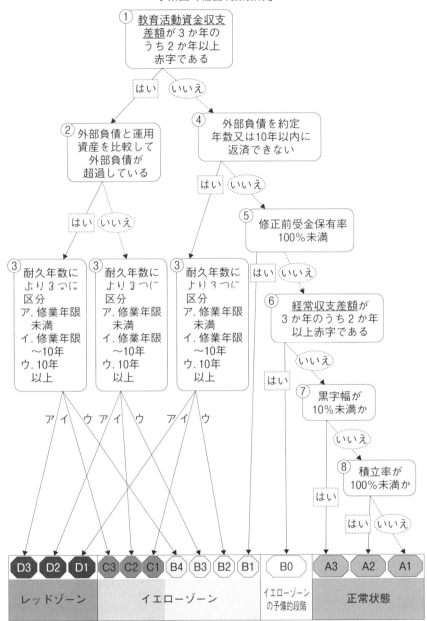

（出所）　日本私立学校振興・共済事業団『私学の経営分析と経営改善計画』平成29年3月改訂版, 7ページ.

年数により３つに区分」に進みます．

　質問①「教育活動資金収支差額が３か年のうち２か年以上赤字である」が「いいえ」の場合は，質問④「外部負債を約定年数又は10年以内に返済できない」に進みます．質問④が「はい」の場合は，質問③「耐久年数により３つに区分」に戻ります．質問④が「いいえ」になると，耐久テストを抜け出して，質問⑤にやっと進むことができます．

　質問④「外部負債を約定年数又は10年以内に返済できない」は，この言葉だけでは何を意味しているか不明です．解説を調べてみると，質問④に答えるためには，質問②「外部負債と運用資産を比較して外部負債が超過している」と質問③「耐久年数により３つに区分」に相当する判断をする必要があることがわかります．このようにフローチャートは，行ったり来たりで，図示されているほどシンプルではありません．

＊　日本私立学校振興・共済事業団『私学の経営分析と経営改善計画』，平成29年３月改訂版．

11-3　耐久テストの検討

　質問①は不適切で役に立たない

　質問①は「教育活動資金収支差額が３か年のうち２か年以上赤字である」です．この質問は，３年間の教育活動資金収支差額の状況を見るものですが，一昨年度実績，昨年度実績，今年度の決算見込みを用い，３か年のうち２か年以上の教育研究活動収支差額がプラスかマイナスかを判定します．金額やプラス・マイナスの幅は不問にしています．このことによって，次のような問題が生じます．

　たとえば３か年の数値が「赤字１，赤字１，黒字10」であったとしましょう．「教育活動資金収支差額が３か年のうち２か年以上赤字である」という質問に対して「はい」となってしまい，最良でも「薄いイエローゾーン（経営困難法人）」のB3にしか判定されません．すなわち，運用資産が豊富で，なおかつ無借金であり，直近の経営成績が上向きであっても，判定は薄いイエローゾーンのB3どまりなのです．

　また，質問③や質問④では，質問①「教育活動資金収支差額が３か年のうち

２か年以上赤字である」かどうかは問題ではなく，「教育活動資金収支差額が
いくら見込まれるか」，金額の大きさが検討されています．質問①は，全く役
に立っていません．

　フローチャートの出発点としては，「３か年を合算すると赤字である」や，
「３か年を平均すると赤字である」のほうが適切です．

質問②は「はい」でも「いいえ」でも質問③へと進む

　質問①で「教育活動資金収支差額が３か年のうち２か年以上赤字である」が
「はい」の場合，質問②「外部負債と運用資産を比較して外部負債が超過して
いる」に進みます．

　外部負債とは有利子負債のこと，運用資産とは金融資産のことです．質問②
で「はい」となると，次の質問③「耐久年数により３つに区分」に進みます．
運用資産が外部負債よりも大きく上回り「いいえ」となっても，やはり質問③
に進みます．

　質問②は「はい」でも「いいえ」でも質問③に進みます．これはフローチャ
ートの作り方として問題です．

質問④は，質問②や質問③を含んでいる

　質問③を説明する前に，質問④「外部負債を約定年数又は10年以内に返済で
きない」を説明しておきます．なぜならば質問④が「はい」になると質問③に
戻るからです．

　質問①が「いいえ」だと，次は質問④「外部負債を約定年数又は10年以内に
返済できない」に行きます．「はい」だと質問③に戻ります．「いいえ」だと耐
久テストを抜けて質問⑤に進みます．

　質問④「外部負債を約定年数又は10年以内に返済できない」の意味は，この
ままではわかりません．事業団『私学の経営分析と経営改善計画』の説明（15
〜16ページ）を見てみましょう．（原文では，質問①，質問②などを「フロー①」
「フロー②」としているので，ここでは「質問①」「質問②」に書き換えました．）

　質問④は，次のアとイの２つのテストから始まります．アで「枯渇（資金
ショート）する」となった場合，およびアで「枯渇しない」となってもイで

「超過分の外部負債を教育活動のプラスで償還するのに10年超を要する」となった場合，質問④の回答は「はい」となります．

> ア：将来の資金繰り見込みの中で，10年以内に運用資産が枯渇することがないかを確認します．10年以内に運用資産が枯渇（資金ショート）する場合は「（資金繰りの中で）外部負債を約定年数で返済できないので，質問③の耐久年数を確認する」という評価となります．

アでは，10年間の資金繰り見込みを計算することを求めています．アのテストで「10年以内に資金ショート」するかどうかを見ているのですから，これは質問③の耐久年数の確認を先回りしておこなっていることになります．4年以内（短大は2年以内）に資金ショートであればレッドゾーンのD1に，4年を超えて10年以内であれば濃いイエローゾーンのC1に区分されます．

アで「10年以内に資金ショートしない」となったはずの法人については，次のイのテストがおこなわれます．

> イ：質問②の計算で外部負債が運用資産を上回った場合に，その超過分について，質問①の教育活動資金収支差額のプラスを原資とした償還年数を算出します．この償還年数が10年を超える場合は，「外部負債が運用資産を上回るが，運用資産より超過した分の外部負債を教育活動のプラスで10年以内に返済することができないことから，運用資産・教育活動収支の規模に比して借入金が過大な状態と判断できるので，質問③の耐久年数を確認する」という評価になります．

質問④なのに，質問②「外部負債と運用資産を比較して外部負債が超過している」かどうかを見なければならないとされています．外部負債よりも運用資産が上回っている，または外部負債が運用資産を上回っていても10年以内に返済できれば，質問③耐久年数の確認に戻らずに，質問⑤に進みます．

「償還年数が10年を超える場合は，……質問③の耐久年数を確認する」ですが，ここでも，質問③「耐久年数の確認」を先回りしておこなっています．

B2になるはずです.

　以下に示される事例Aでは，質問④で，質問②と質問③の検討をおこなってから，「いいえ」となって質問⑤に進んでいくことがわかります.

事例A　○○学園　　　修業年限：4年　　　　質問⑤へ　　　　（単位：千円）

教育活動資金収支差額		27年度決算	28年度決算	29年度見込
質問①	教育活動資金収入（A）	500,000	600,000	700,000
	教育活動資金支出（B）	450,000	550,000	650,000
	調整勘定等（C）	5,000	5,000	5,000
	D＝A－B＋C	55,000	55,000	55,000
	D／A	11.0%	9.2%	7.9%
	判定	○	○	○

質問①：3か年のうち2か年以上赤字
→いいえ（2つ以上○）

運用資産と外部負債の関係		28年度決算
質問②④	運用資産（E）	2,000,000
	外部負債（F）	0
	G＝E－F	2,000,000
	D＞0 且つ G＜0 の時 G÷D（単位：年）	

運用資産の推移		28年度決算	29年度見込	30年度見込	31年度見込	32年度見込	33年度見込
質問③④	期首運用資産（J）		2,000,000	2,055,000	2,090,000	2,120,000	2,145,000
	教育活動資金収支差額(K)	55,000	55,000	45,000	40,000	35,000	30,000
	施設整備等活動資金収支差額(L)	0	0	△ 10,000	△ 10,000	△ 10,000	△ 10,000
	その他の活動資金収支差額(M)	0	0	0	0	0	0
	期末運用資産(J＋L＋M)	2,000,000	2,055,000	2,090,000	2,120,000	2,145,000	2,165,000
	判定	○	○	○	○	○	○

	34年度見込	35年度見込	36年度見込	37年度見込	38年度見込
	2,165,000	2,180,000	2,190,000	2,195,000	2,195,000
	25,000	20,000	15,000	10,000	5,000
	△ 10,000	△ 10,000	△ 10,000	△ 10,000	△ 10,000
	0	0	0	0	0
	△2,180,000	2,190,000	2,195,000	2,195,000	2,190,000
	○	○	○	○	○

質問④：外部負債を約定年数又は10年以内に返済できない
→いいえ（「×がない」，「運用資産＞外部負債」）→質問⑤へ進む

（出所）　前掲『私学の経営分析と経営改善計画』19ページより作成.

質問③は判断指標の中心

　いよいよ質問③です．「耐久年数により3つに区分」するということは，あと何年で資金ショートするかを「ア：4年未満」，「イ：4～10年未満」，「ウ：10年以上」の3つから選ぶことです．耐久年数「ア：4年未満」は「修業年限を基準に設定」したものであるといいます．すなわち「ア：4年未満」（短期大学では2年未満）は新入生が卒業できないことを暗示し，レッドゾーンD3，D2，D1になります．「イ：4～10年未満」は新入生は卒業できるが，その後ほどなく存続不能となることを示しているとされ，濃いイエローゾーンのC3，C2，C1となります．「ウ：10年以上」は，10年以上存続できるはずですが，薄いイエローゾーンB4，B3，B2に区分されます．

　事例Aと同じく，資金収支の10年間の予測とこれに基づく耐久年数を調べる事例Bから，イメージをつかむことができます．
　この事例では，教育活動資金収支差額は，マイナス額が増加しつづけることになっています．運用資産よりも外部負債が多く，見積もりには施設設備整備の収支も含んでいます．6年目に運用資産が枯渇します．事例Bは濃いイエローゾーンのC3に区分されます．

耐久テスト（質問①から④まで）の問題点
　耐久テストの問題点として，次の点が挙げられます．

○不動産を考慮するべきです
　経営判断指標は，売却できる不動産を考慮に入れていません．私立大学は，売却可能な不動産を保有する場合が少なくありません．売却可能な不動産の金額は運用資産に加えるべきです．定員が縮小している大学では，遊休資産は増えているはずです．不動産を担保として借入の更新，つまり借り換えができることもあるはずです．

○耐久年数が10年を超えていればセーフティゾーン
　「耐久テスト」の「ウ：10年以上」（B4，B3，B2）は，イエローゾーンに区

事例B ○○学園　修業年限：4年　判定 C3　（単位：千円）

教育活動資金収支差額		27年度決算	28年度決算	29年度見込
質問①	教育活動資金収入（A）	500,000	520,000	600,000
	教育活動資金支出（B）	450,000	550,000	650,000
	調整勘定等（C）	5,000	5,000	5,000
	D＝A－B＋C	55,000	△ 25,000	△ 45,000
	D／A	11.0%	△4.8%	△7.5%
	判定	○	×	×

質問①：3か年のうち2か年以上赤字
→はい（2つ以上×）

運用資産と外部負債の関係		28年度決算
質問②④	運用資産（E）	2,000,000
	外部負債（F）	3,500,000
	G＝E－F	△1,500,000
	D＞0且つG＜0の時 G÷D（単位：年）	

質問②：外部負債と運用資産を比較して外部負債が超過している
→はい（15億円の負債超過）

運用資産の推移		28年度決算	29年度見込	30年度見込	31年度見込	32年度見込	33年度見込
質問③④	期首運用資産（J）		2,000,000	1,655,000	1,290,000	920,000	545,000
	教育活動資金収支差額(K)	△ 25,000	△ 45,000	△ 55,000	△ 60,000	△ 65,000	△ 70,000
	施設整備等活動資金収支差額(L)	0	0	△ 10,000	△ 10,000	△ 10,000	△ 10,000
	その他の活動資金収支差額(M)	0	△ 300,000	△ 300,000	△ 300,000	△ 300,000	△ 300,000
	期末運用資産(J＋K＋L＋M)	2,000,000	1,655,000	1,290,000	920,000	545,000	165,000
	判定	○	○	○	○	○	○

34年度見込	35年度見込	36年度見込	37年度見込	38年度見込
165,000	△ 220,000	△ 610,000	△1,005,000	△1,405,000
△ 75,000	△ 80,000	△ 85,000	△ 90,000	△ 95,000
△ 10,000	△ 10,000	△ 10,000	△ 10,000	△ 10,000
△ 300,000	△ 300,000	△ 300,000	△ 300,000	△ 300,000
△ 220,000	△ 610,000	△1,005,000	△1,405,000	△1,810,000
×	×	×	×	×

質問③：あと5年で資金ショートする（平成34年度末の運用資産がマイナス）
→耐久年数が修業年限（この例では4年）以上10年未満

→これによりC3区分

（出所）　前掲『私学の経営分析と経営改善計画』21ページより作成.

分されています．しかし「10年以上」存続する状態は，耐久テストに合格していると見るべきです．

　たとえば外部負債がゼロで多額な運用資産を有し，教育活動資金収支差額のマイナスが小さく，直近では大幅黒字に転じているケースでは，耐久年数100年という結果もありえます．耐久年数の長い大学に対しては，「セーフティゾーン」の区分を設けるべきです．

○施設設備整備を含む資金収支の10年分の将来見込みは恣意的です

　すでに見たように，質問①が「はい」であろうと「いいえ」であろうと，すべての法人が耐久年数を算定します．事例Bでは，教育活動資金収支差額の赤字は増大が見込まれていますが，根拠はあるのでしょうか．借入金の返済は繰り延べの可能性もあるはずです．施設設備整備計画は，修繕か建て替えかの選択肢があるはずです．これらは判断と予測に基づいています．予測を変えれば，耐久年数を大きく動かす可能性が広がります．

11-4　耐久テストとは異質の「貯めこみテスト」

　もともと事業団が目的としていたのは，経営困難法人を探し出そうとすることでした．中心は耐久テストなのですから，合格，不合格を出して終わりのはずです．ところがそうではありません．後半に「貯めこみテスト」があります．

質問⑤「修正前受金保有率100％未満」で
イエローゾーンB1の判定は誤解を招く

　質問⑤は，「前受金」の額を3月末の時点で運用資産の形で保有するよう求める指標です．前述の質問①と質問④に合格した法人なので，ほとんどが合格の「いいえ」になるはずです．このテストで「はい」となるのは，4月からの資金繰りの目途がついてはいるが，借入金を繰り上げて返済してしまいたい，あるいは支払いは現金で済ませるという法人です．たとえば3月までに多額の施設設備整備をおこない，そのための支払いを即座に手持ちの金融資産で支払った等の場合が想定できます．現金払いにすると値引きが期待できる場合も

あります.

　学校法人会計基準が求めているように，最低保有すべき運転資金額はひと月分の支払資金（第4号基本金）であり，前受金を全額保有していなくとも，4月以降の資金繰りの目途は立ちます．前受金を運用資産として100％保有していないことは，借り入れを減らしたり，現金決済をしようとする「賢い資金繰り」である場合もあります.

　「修正前受金保有率100％未満」か否かという質問は，この質問の答え「はい」だけでイエローゾーン（経営困難法人B1）に分類するような影響力をもつべき質問ではありません.

質問⑥「経常収支差額が3か年のうち2か年以上赤字である」は「事業活動収支差額が」とすべき

　学校法人会計基準が改正される前には，採算を見る指標は帰属収支差額でしたが，新基準に変わったら，帰属収支差額にあたる「事業活動収支差額」ではなく「経常収支差額」に変えられてしまいました．事業活動収支差額の金額こそが採算を示すものです．経常収支差額は事業活動収入（旧：帰属収入）と事業活動支出（旧：消費支出）の一部についての収支差額であるので，3カ年の採算を見る指標にはなりえません．3カ年の採算を見ようとするのであれば，事業活動収支差額にするべきです.

　経常収支差額は単に「一部」である以上に，「採算を示す」から乖離しており，判断指標のように経営の全体について判断しようとする場合には不適当です．具体的には，施設補助金，施設寄付金が加算されていないこと，資産売却損益を反映していないことが問題です（100ページ）.

質問⑥「経常収支差額が3か年のうち2か年以上赤字」であっても「イエローゾーンの予備的段階（B0）」とはいえない

　質問⑥の「経常収支差額が3か年のうち2か年以上赤字である」に「はい」と答えると「イエローゾーンの予備的段階（B0）」となりますが，これは不適切な判定です.

　この法人は，すでに質問①，質問④の耐久テストに合格しています．経常収

支差額は資金ショートを見る指標ではありません．これがマイナスであっても，教育活動資金収支差額が安定して，耐久テストに合格しているのですから，資金ショートの危険は全くありません．イエローゾーンとは無関係です．

　経常収支差額が赤字であっても，事業活動収支差額が黒字であれば，採算もとれています．経常収支差額が赤字であれば「経常収支差額がマイナスの法人」，事業活動収支差額がマイナスであれば「採算がとれていない法人」というだけのことです．これを「イエローゾーンの予備的段階」などと騒ぎ立てて「経営困難法人」のイメージと結びつけるのは間違いです．

質問⑦「黒字幅（経常収支差額比率の）が10％未満か」で「いいえ」となる法人は儲けすぎ

　経常収支差額や事業活動収支差額は，減価償却費を引いた後の残額です．プラスであれば採算がとれており，現在の状態を維持することができます．新学部設置や大幅な定員増が難しくなってきている現状では，経常収支差額比率や事業活動収支差額比率は，各年度を平均して５％もあれば十分です．したがって，質問⑦の「黒字幅（経常収支差額比率）が10％未満か」に対して「はい」となる A3 は「経営安定状態」とでもいえる状態です．

　では質問⑦の「黒字幅（経常収支差額比率）が10％未満か」に対して「いいえ」となる大学はどうでしょうか．大学・学部等の新設，校地の取替えなどという差し迫った事情がないならば，10％を超えるほどの黒字額は教育・研究の充実に支出されずに運用資産を増やすだけとなります．これが続く状態はとても「正常状態」とはいえません．A2 は「教育・研究条件の充実が疎かになっているおそれのある状態」と呼ぶべきです．

質問⑧「積立率が100％未満か」が「いいえ」の大学は貯めこみが目的となっているかもしれない

　「積立率」とは，運用資産÷要積立額（減価償却累計額＋退職給与引当金＋第２号基本金＋第３号基本金）です．

　要積立額のうち，学校法人会計基準から運用資産として保有することが求められているのは，第２号基本金引当特定資産と第３号基本金引当特定資産だけ

です．学校法人会計基準は，減価償却累計額や退職給与引当金については，この金額を運用資産として保有するよう求めてはいません．

減価償却累計額は，減価償却の対象となっている資産について少しずつ減価償却をおこなって，採算を示す事業活動収支差額を計算するために計上してきた減価償却額の累計額です．減価償却累計額は，貸借対照表の金額が，取得したときの金額からどれほどかけ離れているかを示すための情報です．今ある建物をすべて建て替える必要はありませんし，今後の施設整備に必要な金額と同じではありません．今後計画している施設整備の金額は第2号基本金ですから，第2号基本金引当特定資産があれば施設整備は可能です．要積立額のなかに減価償却累計額を含めるべきではありません．

退職給与引当金については，文科省が2012年に突然，期末要支給額を50%から100%に引き上げました．しかし，学校法人を解散でもしないかぎり，すべての教職員がいちどきに退職することはありえません．ですから学校法人会計基準は，退職給与引当特定資産の保有は任意としているのです．

質問⑧の「積立率が100%未満か」で「いいえ」となる法人は，金融資産を貯めこみすぎている法人です．

貯めこみテストの問題点
○質問⑦⑧は，過剰な貯めこみを促進する指標

「⑥経常収支差額が3か年のうち2か年以上赤字である」の質問に加えて，その後の「⑦黒字幅（経常収支差額比率）が10%未満か」，「⑧積立率が100%未満か」の質問は，無制限な資金の貯めこみを推奨・誘導するものであり，問題のある質問です．

また，資金を貯めこめば貯めこむほど高いランクとなり，A3よりA2が優れ，さらにA1が望ましいという区分は，「大学としての正常な経営状態」を示すものではありません．A1は学生への教育サービスが不足した過剰な貯めこみ大学と評価すべきです．

○経常収支差額ではなく事業活動収支差額を基礎とするべき

新基準では，旧基準の帰属収支差額にあたるのは事業活動収支差額です．と

ころが，帰属収支差額が用いられていた経営判断テストにおいて，新基準以降は経常収支差額を使っています．経常収支差額は，施設補助金や資産売却を考慮することができないものです．経営判断テストには，採算を示す事業活動収支差額を用いるべきです．

○使い道がはっきりしない金融資産は，不祥事の温床となる危険

　金融資産を貯めこめば貯めこむほど評価されるという過剰な貯めこみの推奨は，「大学の使命を忘れ，貯めこみが目的となっている問題法人」を生む危険があります．使い道のない金融資産は，不正や冗費<ruby>冗費<rt>じょうひ</rt></ruby>，不祥事の温床となります．また投機に使われることもあります．

　私立大学は高等教育機関として，保護者・学生から高い学納金を納めてもらい，国から私大経常費補助を受け取っています．事業団は，目的のないままに金融資産を貯めこんでいくことを推奨するべきではありません．

11-5　経営判断指標を全体として見ると

　経営判断指標は，耐久テストと貯めこみテストという，測る内容・目的が異なっているテストから構成されています．異質のテストが１つのフローチャートに押しこめられています．

　フローチャートは，ちょっと見ると，質問①「教育活動資金収支差額が３か年のうち２か年以上赤字である」を出発点として，経営状態を大きく「レッドゾーン」「イエローゾーン」「正常状態」の３つに区分するという外観になっています．「レッドゾーン」「イエローゾーン」の区分は資金ショートに至る期間の測定，すなわち耐久テストに基づいています．

　耐久テストの大きな問題点は，前述した通り，合格ゾーン（セーフティゾーン）が明記されていないことです．合格ゾーンを示して終わりにするべきです．

　一方，「正常状態」のテストは，資金貯めこみ具合の診断テスト（貯めこみテスト）となっています．耐久テストと貯めこみテストは，異質のことを測ろうとしています．そうであるのに，左から右へ，悪いほうから良いほうへ連続しているがごとき外観となっています．

貯めこみテストの問題は，右はじから 3 番目の A3 が「正常」であって，A2，A1 となるにつれて，正常とはいえない問題法人となっていくことです．

12 | 将来計画立案の考え方

　2019年の私立学校法改正によって，私立大学を設置する学校法人（以下，大学法人）に対し，将来計画（中期計画）の作成が義務づけられました[*]．各大学法人が将来計画をもち，大学の構成員に対してしっかりとした説明をすることは必要なことです．

[*]　第45条の2第2項「文部科学大臣が所轄庁である学校法人は，事業に関する中期的な計画を作成しなければならない」

　多くの大学法人で，様々な将来計画が作られています．教職員に示されている計画の多くは，抽象的な目的を掲げ，その実現のためには多額の不足額が生じるという収支のシミュレーションと，資金調達の「必達目標」を示すものです．たいへん残念なことですが，教職員の賃金・労働条件，教育・研究条件が資金調達のターゲットとされ，人件費削減が提案されるという例が少なくありません．18歳人口の減少や抽象的な「21世紀ビジョン」などによって危機感や資金不足感をあおり，人件費を削減しなければ競争の「負け組」になると喧伝することも特徴で，大学構成員を無用に委縮させています．

　ここでは，収支のシミュレーションだけを主要な内容とする将来計画ではなく，本来作成されるべき将来計画について提案することを意図しています．大きな流れとしては，まず保有する財産の状態を知ることから始めます．保有する財産は，将来の意思決定をおこなううえでの潜在的な財源，財政余力だからです．そのうえで，資金の計画の立て方について示します．大学法人や高等教育機関である私立大学を正しく管理，運営していくためには，何をどのように考えればいいのかといったことにもつながっています．

147

12-1　徹底した財産調べから始めましょう

　事業団や，大学を設置する学校法人の理事会（以下，法人理事会，または理事会）が示す将来計画の特徴は，保有する資産についての検討がなされていないことです．

　法人理事会は，この間，積極的にキャンパスの敷地購入や立派な施設の整備を次々とおこなってきました．定員増加が見込めないなかで，あるいは定員減に伴う学部の再編をおこなうもとで，過剰な不動産，動産を抱えている実態が明らかになってきています．

　保有する財産には，教育研究に必ず必要なものと，そうではないもの，遊休資産となっているものもあります．定員の減少に伴って，校舎やキャンパスの統合が進めば，必要な財産から遊休資産へ性格が変わっていることもあります．厚生施設のなかには未使用のものもあります．遊休財産の存在は，将来計画の立案にとって，頼りになる財政余力です．

　不動産とともに，金融資産について把握しておくことも重要です．現金預金，有価証券，様々な名称のついた引当資産は，預金，国債，社債，その他投資商品です．金融資産の残高も，将来計画立案の出発点となるものです．

　というわけで，財産目録や固定資産明細表を使って，徹底した財産調査を始めましょう．まず財産目録から見ていきます．

土　地

　財産目録では，土地や建物などの不動産は，校地，校舎を意味する基本財産と，教育・研究には使用されない運用財産とに分かれています．この分類は，将来計画を考えるときに，参考になります．

①　基本財産の土地

　基本財産の土地は校地です．財産目録に載っている値段は，買ったときの値段（取得原価といいます）です．都心の土地は巨額の含み益をもっています．創立90年を超える都心のＴ大学の土地は，財産目録に6832平方メートルで1.5億円と載っています．取得原価を計算すると一坪7万2000円でしかありません．

148

土地の時価を調べてください.

　比較的新しく購入した郊外の校地や地方の新設校の特徴は，ともかく校地が広く，交通の便が比較的良いことです．これらは，時価を調べても含み益はないかもしれませんが，一部を分割して売却することはできます.

　基本財産であっても，新しく借り入れをするときの担保になりますし，新築した高層の建物に教室や事務を集約すれば，不要となった土地を分割して売却することができます.

② 運用財産の土地

　運用財産の土地をもっている大学もあります．校地ではないのですから，大いに活用できます.

　名門短大を閉鎖したある学校法人は，都心の広い1等地を資材置き場としてゼネコンに貸し出していました．学校法人の資産は，これまでに在籍した学生と保護者が支払った学費と，補助金から購入されたものです．このような財産や運用収入は，短大存続のために活用することが，卒業生・在校生に対する責任だったのではないでしょうか.

　運用財産は遊休資産を運用しているのですから，時価を調べ，大学の教育・研究のために活用しましょう.

③念のため登記簿を取りましょう

　学校法人の中には，残念ながら，設置している私立大学を私物化している理事長・理事会があります．土地については登記簿を取り寄せる必要があるかもしれません．財産目録には地番が載っており便利です．登記簿を取ってみたら，すでに人手に渡っていたということもあるかもしれません.

金融資産，その他の資産を調べる

　金融資産についても，財産目録に詳しい一覧表が載っています．これを手に入れましょう．ここでは元本割れしている資産の有無を確かめておきましょう．その他の資産も，貸付金についての貸し倒れが見込まれているかどうか，確認しておきましょう.

ほかに，歴代理事が購入した美術品，骨董品が，備品に計上されている場合があります．不要であれば売却することができます．芸術系大学では高価な楽器や美術品，文学部には稀覯本（きこう）があります．所在不明になっている場合もありますから，こうしたものが適切に保管されているか，確かめておくことも必要です．

借入金，未払金を調べる

　財産目録や借入金明細表を使って，借入金を調べましょう．支払利息の負担や返済期限をチェックします．金融機関の金利の違いが大きければ，借入先を銀行からたとえば信用組合に変えたほうが有利かもしれません．今は金利が低いので，将来計画ではすべて返済しようと考えず，借り換えも含めて検討して計画を立てるべきです．

　多額の未払金がある場合には，その内容と返済期限を確認しておきます．借入金や未払金について，使途が理事らの個人用である場合には，法人から個人へ債務を移しましょう．

12-2　将来計画を構成している項目

　将来計画は，資金の計画です．資金の計画は，(1)教育活動資金収支および受取利息・支払利息，(2)施設設備整備の支出・借入金などの返済，(3)資金調達の手段（借入金と金融資産，資産売却，寄付金）などから構成されます．資金収支の予測には，活動区分資金収支計算書が役に立ちます．

教育活動資金収支および受取利息・支払利息

　教育活動資金収入と資産運用資金収入，教育活動資金支出と支払利息支出について，個々の項目ごとに予測します．在籍学生・生徒数の変化に応じて変動する収入と支出，在籍学生・生徒数の変化に関わりなく固定的な収入と支出とを区別して予測することは重要です．資金収支内訳表があれば，学校単位で予想することができます．

　比較的小規模の大学では，退職者の人数も大きな影響を与えることがありま

す．定員割れによる補助金削減や不交付も想定する必要があるかもしれません．確実に起きる事態については，盛り込むことにしましょう．

　予測については，収支差額の目標を先に決めてしまったり，希望的観測や悲観的観測を持ち込んだりすると，検討しづらく，現実にそぐわないものになってしまいます．基本は，現状を「ありのまま」にとらえて，現状をふまえた検討をすることです．まずは単純に前年度と同じにするのも，わかりやすくていいと思います．

　毎年度の教育活動資金収入と資産運用資金収入の合計，教育活動資金支出と支払利息支出の合計を算出して，差額をだします．153ページの計画表では，この差額を便宜的に「教育活動・資産運用資金収支差額」としました．

施設設備整備の支出，借入金等の返済

　施設設備の計画は，いくつかの選択肢があると思いますが，この計画表では「シナリオA」と「シナリオB」の2つに絞りました．

　「シナリオA」は，新規工事や購入ではなく，修繕とリノベーションをおこなうこととして，必要最低限の支出額にします．「シナリオB」は，資金的な制約が少ないのであれば，近々に最優先すべき施設設備額とします．

　借入金の返済は返済期限に従います．財政難の場合，金融機関と交渉して返済期限を延ばすことを前提とした現実的な返済額を用いるべきです．未払金の支払いも載せておきます．

　毎年度ごとに，施設設備整備の支出と借入金等の返済額について，合計を計算します．

資金調達の手段

　資金調達の手段には，①金融資産，②借り入れ，③資産売却，④寄付金などがあります．

① 金融資産の取り崩しと有価証券の売却

　手持ちの金融資産については，取り崩す優先順位をつけましょう．学校法人会計基準で定められているのは，第2号基本金引当特定資産と第3号基本金引

当特定資産です．基本金計画明細表に記されている目的以外に使用するときは，評議員会，理事会など，基本金計画を定めたときと同様の決議が必要になると考えられます．

第2号基本金引当特定資産と第3号基本金引当特定資産以外は，学校法人会計基準の規定がないので，各種の引当特定資産も有価証券も現金預金も，同じ扱いになります．ただし，財政難の大学で，存続に関わるほどの深刻な事態になっていて，充当できる売却資産もなく，解散の危険性も出てきている状態にあっては，賃金原資や退職給与引当特定資産を確保することが必要です．

第4号基本金は，対応する金融資産の種類は問いません．

② 借入金の借り換え，新規借り入れ

借入金の借り換え，新規借り入れを金融機関と交渉するときは，㋐不動産担保力，㋑社会的評価・評判（伝統，理事者への信頼感，教職員の協力体制，良好な労使関係などが含まれています），㋒直近の教育活動収支の金額，㋓施設整備による効果などが，正否を決定します．より低い金利の金融機関を探すことも，理事会の役割です．

③ 不動産その他財産の売却

財産目録において運用資産となっている不動産はもちろんですが，基本財産となっている不動産も，規模の縮小に伴って，売却できる資産になります．また，売却できる財産のリストも作っておきましょう．

④ 寄付金の計画

理事会は大学の価値を打ち出し，寄付金計画を実行してほしいものです．私立大学を設置した法人理事会の役割です．

12-3 将来の資金収支を予測するための表

ここで示した表は，前々年度決算，前年度決算の実績値と，次年度，次々年度の予測の計4年分ですが，さらに先に確定している施設計画がある場合には，

その年度までの予測欄を作るのもいいでしょう.

⑴教育活動・資産運用資金収支差額と⑵施設設備整備の支出・借入金の返済合計を計算したところで，⑴と⑵との差額，つまり毎年度の資金の過不足の欄を設けました.

	前々年度決算	前年度決算	次年度予測	次々年度予測
⑴教育活動・資産運用資金収支差額				
①教育活動資金収入				
学生生徒等納付金収入				
手数料収入				
特別寄付金収入				
一般寄付金収入				
経常費等補助金収入				
付随事業収入				
雑収入				
②資産運用収入				
教育活動・資産運用資金収入合計　①＋②				
③教育活動資金支出				
人件費支出				
教育研究経費支出				
管理経費支出				
④支払利息				
教育活動・支払利息支出合計　③＋④				
教育活動・資産運用資金収支差額⑴				
⑵施設設備計画／借入金等返済額				
シナリオA　必要最低限の計画				
シナリオB　最優先すべき施設整備案件				
…………				
借入金等返済額				
施設設備支出および借入金返済額合計額⑵ (A)				
施設設備支出および借入金返済額合計額⑵ (B)				
小計⑴−⑵ (A)				
小計⑴−⑵ (B)				

(3)資金調達の手段の表は，どれほどの資金調達の手段，余力があるかのリストです．こちらは，有り高です．見積金額と備考欄には，見積もりの方法，根拠，活用できる時期を書きこみます．項目ごとに明細表を添付します．

(3)資金調達の手段	見積金額	備　　考
①金融資産の取り崩し，売却可能額		
②新規借入金，借り換え		
③遊休資産の処分可能額		
④寄付金計画に基づく寄付金		

　上記2つの表は，予測できるありのままの現状と，これを乗り切っていく様々な選択肢を概観するのに役に立つでしょう．全体的な現状認識がまとまってきたところで，収入を増加させるためにどうするのか，支出を減少させるためにどうするのか，この表を見ながら検討します．

12-4　検討した結果を収支計画表にまとめる

　検討した結果を次の表にまとめましょう．この表は，期首の金融資産額から始まり，途中の収支があり，期末の金融資産額を表示しています．現金預金ではなく，金融資産を出発点にしたのは，金融資産を積み増すと現金預金が減る，金融資産を取り崩すと現金預金が増えるという煩雑さを避けるためです．

　ここでは施設整備の選択肢（シナリオ）や採用する資金調達の手段を1つ選択することによって，1年間の収支の全体が見通せるようにしてあります．施設整備については選択肢の幅が大きいので，選択肢（シナリオ）ごとの収支計画表が必要になるでしょう．

　1年間を単位にしていますから大雑把です．資金繰りが厳しい大学では，途中で資金ショートしないように，月次の計画表があったほうがいいかもしれません．財務の現場では，日ごとの資金繰り表が作成されているはずです．

　大学という組織のなかには，理事会，監事だけでなく，評議員会，学部長会議，教授会，教職員組合など，性格の異なる様々な機関があります．それぞれの機関はそれぞれの立場から議論や検討をします．法人理事会は，学部の統廃合を決めてから教授会に報告し従わせる，教職員組合に一方的に結論を押しつ

	1年後	2年後	3年後	4年後	5年後
期首の金融資産額					
(1)教育活動・資産運用資金収支差額					
①教育活動資金収入					
学生生徒等納付金収入					
手数料収入					
特別寄付金収入					
一般寄付金収入					
経常費等補助金収入					
付随事業収入					
雑収入					
②資産運用収入					
教育活動・資産運用資金収入合計　①＋②					
③教育活動資金支出					
人件費支出					
教育研究経費支出					
管理経費支出					
④支払利息					
教育活動・支払利息支出合計　③＋④					
教育活動・資産運用資金収支差額(1)					
(2)施設設備計画／借入金等返済額					
施設設備予定額					
借入金等返済額					
施設設備支出および借入金等返済額合計額(2)					
小計(1)−(2)					
(3)資金の調達方法（選択する金額）					
新規借入金，借り換え額					
遊休資産の処分額					
資金調達合計(3)					
期末金融資産額					

けるといった態度をとるべきではありません．将来計画の成否は，財政についての情報共有を図り，学内の構成員と諸機関の合意に基づいて決定するという，民主主義の発揮にかかっています．

【参考文献一覧】

野中郁江・山口不二夫・梅田守彦『私立大学の財政分析ができる本』，大月書店，
　　2001年5月.

柳田純也「『経営判断指標』の批判的検討」，『名城論叢』第15号，2015年3月.

学校経理研究会編『学校法人会計要覧（平成31年版)』，霞出版社，2019年3月.

新日本有限責任監査法人編『学校法人会計実務詳解ハンドブック』，同文舘出版，
　　2016年6月.

新日本有限責任監査法人編『学校法人会計ハンドブック（平成29年版)』，霞出版社，
　　2017年12月.

【資料】

学校法人会計基準

昭和46年4月1日文部省令第18号

最終改正　平成27年3月30日文部科学省令第13号

第1章　総　則

（学校法人会計の基準）

第1条　私立学校振興助成法（昭和50年法律第61号．以下「法」という．）第14条第1項に規定する学校法人（法附則第2条第1項に規定する学校法人以外の私立の学校の設置者にあつては，同条第3項の規定による特別の会計の経理をするものに限るものとし，以下第6章を除き「学校法人」という．）は，この省令で定めるところに従い，会計処理を行い，財務計算に関する書類（以下「計算書類」という．）を作成しなければならない．

2　学校法人は，この省令に定めのない事項については，一般に公正妥当と認められる学校法人会計の原則に従い，会計処理を行ない，計算書類を作成しなければならない．

（会計の原則）

第2条　学校法人は，次に掲げる原則によつて，会計処理を行ない，計算書類を作成しなければならない．

一　財政及び経営の状況について真実な内容を表示すること．

二　すべての取引について，複式簿記の原則によつて，正確な会計帳簿を作成すること．

三　財政及び経営の状況を正確に判断することができるように必要な会計事実を明りように表示すること．

四　採用する会計処理の原則及び手続並びに計算書類の表示方法については，毎会計年度継続して適用し，みだりにこれを変更しないこと．

（収益事業会計）

第3条　私立学校法（昭和24年法律第270号）第26条第1項に規定する事業に関する会計（次項において「収益事業会計」という．）に係る会計処理及び計算書類の作成は，一般に公正妥当と認められる企業会計の原則に従つて行わなければならない．

2　収益事業会計については，前2条及び前項の規定を除き，この省令の規定は，適用しない．

（計算書類）

第4条　学校法人が作成しなければならない計算書類は，次に掲げるものとする．

一　資金収支計算書並びにこれに附属する次に掲げる内訳表及び資金収支計算書に基づき作成する活動区分資金収支計算書

イ　資金収支内訳表

ロ　人件費支出内訳表
二　事業活動収支計算書及びこれに附属する事業活動収支内訳表
三　貸借対照表及びこれに附属する次に掲げる明細表
イ　固定資産明細表
ロ　借入金明細表
ハ　基本金明細表

（総額表示）
第5条　計算書類に記載する金額は，総額をもつて表示するものとする．ただし，預り金に係る収入と支出その他経過的な収入と支出及び食堂に係る収入と支出その他教育活動に付随する活動に係る収入と支出については，純額をもつて表示することができる．

第2章　資金収支計算及び資金収支計算書

（資金収支計算の目的）
第6条　学校法人は，毎会計年度，当該会計年度の諸活動に対応するすべての収入及び支出の内容並びに当該会計年度における支払資金（現金及びいつでも引き出すことができる預貯金をいう．以下同じ．）の収入及び支出のてん末を明らかにするため，資金収支計算を行なうものとする．

（資金収支計算の方法）
第7条　資金収入の計算は，当該会計年度における支払資金の収入並びに当該会計年度の諸活動に対応する収入で前会計年度以前の会計年度において支払資金の収入となつたもの（第11条において「前期末前受金」という．）及び当該会計年度の諸活動に対応する収入で翌会計年度以後の会計年度において支払資金の収入となるべきもの（第11条において「期末未収入金」という．）について行なうものとする．

2　資金支出の計算は，当該会計年度における支払資金の支出並びに当該会計年度の諸活動に対応する支出で前会計年度以前の会計年度において支払資金の支出となつたもの（第11条において「前期末前払金」という．）及び当該会計年度の諸活動に対応する支出で翌会計年度以後の会計年度において支払資金の支出となるべきもの（第11条において「期末未払金」という．）について行なうものとする．

（勘定科目）
第8条　学校法人は，この章の規定の趣旨に沿つて資金収支計算を行なうため必要な勘定科目を設定するものとする．

（資金収支計算書の記載方法）
第9条　資金収支計算書には，収入の部及び支出の部を設け，収入又は支出の科目ごとに当該会計年度の決算の額を予算の額と対比して記載するものとする．

（資金収支計算書の記載科目）
第10条　資金収支計算書に記載する科目は，別表第一のとおりとする．

（前期末前受金等）
第11条　当該会計年度の資金収入のうち前期末前受金及び期末未収入金は，収入の部の控除科目として，資金収支計算書の収入の部に記載するものとする．

2　当該会計年度の資金支出のうち前期末前払金及び期末未払金は，支出の部の控除科目として，資金収支計算書の支出の部に記載するものとする．

（資金収支計算書の様式）
第12条　資金収支計算書の様式は，第一号様式のとおりとする．

（資金収支内訳表の記載方法等）
第13条　資金収支内訳表には，資金収支計算書に記載される収入及び支出で当該会計年度の諸活動に対応するものの決算の額を次に掲げる部門ごとに区分して記載するものとする．
一　学校法人（次号から第5号までに掲げるものを除く．）
二　各学校（専修学校及び各種学校を含み，次号から第5号までに掲げるものを除く．）
三　研究所
四　各病院
五　農場，演習林その他前2号に掲げる施設の

規模に相当する規模を有する各施設

2　前項第2号に掲げる部門の記載にあたつては，2以上の学部を置く大学にあつては学部（当該学部の専攻に対応する大学院の研究科，専攻科及び別科を含む.）に，2以上の学科を置く短期大学にあつては学科（当該学科の専攻に対応する専攻科及び別科を含む.）に，2以上の課程を置く高等学校にあつては課程（当該課程に対応する専攻科及び別科を含む.）にそれぞれ細分して記載するものとする．この場合において，学部の専攻に対応しない大学院の研究科は大学の学部とみなす.

3　学校教育法（昭和22年法律第26号）第103条に規定する大学に係る前項の規定の適用については，当該大学に置く大学院の研究科は大学の学部とみなす.

4　通信による教育を行なう大学に係る第2項の規定の適用については，当該教育を担当する機関は大学の学部又は短期大学の学科とみなす.

5　資金収支内訳表の様式は，第二号様式のとおりとする.

（人件費支出内訳表の記載方法等）

第14条　人件費支出内訳表には，資金収支計算書に記載される人件費支出の決算の額の内訳を前条第1項各号に掲げる部門ごとに区分して記載するものとする.

2　前条第2項から第4項までの規定は，前項の規定による記載について準用する.

3　人件費支出内訳表の様式は，第三号様式のとおりとする.

（活動区分資金収支計算書の記載方法等）

第14条の2　活動区分資金収支計算書には，資金収支計算書に記載される資金収入及び資金支出の決算の額を次に掲げる活動ごとに区分して記載するものとする.

一　教育活動

二　施設若しくは設備の取得又は売却その他これらに類する活動

三　資金調達その他前2号に掲げる活動以外の活動

2　活動区分資金収支計算書の様式は，第四号様式のとおりとする.

第3章　事業活動収支計算及び事業活動収支計算書

（事業活動収支計算の目的）

第15条　学校法人は，毎会計年度，当該会計年度の次に掲げる活動に対応する事業活動収入及び事業活動支出の内容を明らかにするとともに，当該会計年度において第29条及び第30条の規定により基本金に組み入れる額（以下「基本金組入額」という.）を控除した当該会計年度の諸活動に対応する全ての事業活動収入及び事業活動支出の均衡の状態を明らかにするため，事業活動収支計算を行うものとする.

一　教育活動

二　教育活動以外の経常的な活動

三　前2号に掲げる活動以外の活動

（事業活動収支計算の方法）

第16条　事業活動収入は，当該会計年度の学校法人の負債とならない収入を計算するものとする.

2　事業活動支出は，当該会計年度において消費する資産の取得価額及び当該会計年度における用役の対価に基づいて計算するものとする.

3　事業活動収支計算は，前条各号に掲げる活動ごとに，前2項の規定により計算した事業活動収入と事業活動支出を対照して行うとともに，事業活動収入の額から事業活動支出の額を控除し，その残額から基本金組入額を控除して行うものとする.

（勘定科目）

第17条　学校法人は，この章の規定の趣旨に沿つて事業活動収支計算を行うため必要な勘定科目を設定するものとする.

（事業活動収支計算書の記載方法）

第18条　事業活動収支計算書には，第15条各号に掲げる活動ごとに事業活動収入の部及び事業活動支出の部を設け，事業活動収入又は事業活動支出の科目ごとに当該会計年度の決算の額を予算の額と対比して記載するものとする.

（事業活動収支計算書の記載科目）

第19条 事業活動収支計算書に記載する科目は，別表第二のとおりとする．

（当年度収支差額等の記載）

第20条 第15条各号に掲げる活動ごとの当該会計年度の収支差額（事業活動収入の額から事業活動支出の額を控除した額をいう．以下同じ．）は，事業活動支出の部の次に予算の額と対比して記載するものとする．

2 当該会計年度の経常収支差額（第15条第1号に掲げる活動の収支差額に同条第2号に掲げる活動の収支差額を加算した額をいう．以下同じ．）は，同号に掲げる活動の収支差額の次に予算の額と対比して記載するものとする．

3 当該会計年度の基本金組入前当年度収支差額（経常収支差額に第15条第3号に掲げる活動の収支差額を加算した額をいう．以下同じ．）は，同号に掲げる活動の収支差額の次に予算の額と対比して記載するものとする．

4 当該会計年度の基本金組入額は，基本金組入前当年度収支差額の次に予算の額と対比して記載するものとする．

5 当該会計年度の当年度収支差額（基本金組入前当年度収支差額から基本金組入額を控除した額をいう．以下同じ．）は，基本金組入額の次に予算の額と対比して記載するものとする．

（翌年度繰越収支差額）

第21条 当該会計年度において次に掲げる額がある場合には，当該額を加算した額を，翌年度繰越収支差額として，翌会計年度に繰り越すものとする．

　一 当年度収支差額

　二 前年度繰越収支差額（当該会計年度の前会計年度の翌年度繰越収支差額をいう．）

　三 第31条の規定により当該会計年度において取り崩した基本金の額

（翌年度繰越収支差額の記載）

第22条 翌年度繰越収支差額は，当年度収支差額の次に，前条の規定による計算とともに，予算の額と対比して記載するものとする．

（事業活動収支計算書の様式）

第23条 事業活動収支計算書の様式は，第五号様式のとおりとする．

（事業活動収支内訳表の記載方法等）

第24条 事業活動収支内訳表には，事業活動収支計算書に記載される事業活動収入及び事業活動支出並びに基本金組入額の決算の額を第13条第1項各号に掲げる部門ごとに区分して記載するものとする．

2 事業活動収支内訳表の様式は，第六号様式のとおりとする．

第4章　貸借対照表

第1節　資産

（資産の評価）

第25条 資産の評価は，取得価額をもつてするものとする．ただし，当該資産の取得のために通常要する価額と比較して著しく低い価額で取得した資産又は贈与された資産の評価は，取得又は贈与の時における当該資産の取得のために通常要する価額をもつてするものとする．

（減価償却）

第26条 固定資産のうち時の経過によりその価値を減少するもの（以下「減価償却資産」という．）については，減価償却を行なうものとする．

2 減価償却資産の減価償却の方法は，定額法によるものとする．

（有価証券の評価換え）

第27条 有価証券については，第25条の規定により評価した価額と比較してその時価が著しく低くなつた場合には，その回復が可能と認められるときを除き，時価によつて評価するものとする．

（徴収不能額の引当て）

第28条 金銭債権については，徴収不能のおそれがある場合には，当該徴収不能の見込額を徴収不能引当金に繰り入れるものとする．

第2節　基本金

（基本金）

第29条 学校法人が，その諸活動の計画に基づき必要な資産を継続的に保持するために維持すべきものとして，その事業活動収入のうちから組み入れた金額を基本金とする.

（基本金への組入れ）

第30条 学校法人は，次に掲げる金額に相当する金額を，基本金に組み入れるものとする.

一 学校法人が設立当初に取得した固定資産（法附則第2条第1項に規定する学校法人以外の私立の学校の設置者にあつては，同条第3項の規定による特別の会計を設けた際に有していた固定資産）で教育の用に供されるものの価額又は新たな学校（専修学校及び各種学校を含む.以下この号及び次号において同じ.）の設置若しくは既設の学校の規模の拡大若しくは教育の充実向上のために取得した固定資産の価額

二 学校法人が新たな学校の設置又は既設の学校の規模の拡大若しくは教育の充実向上のために将来取得する固定資産の取得に充てる金銭その他の資産の額

三 基金として継続的に保持し，かつ，運用する金銭その他の資産の額

四 恒常的に保持すべき資金として別に文部科学大臣の定める額

2 前項第2号又は第3号に規定する基本金への組入れは，固定資産の取得又は基金の設定に係る基本金組入計画に従い行うものとする.

3 学校法人が第1項第1号に規定する固定資産を借入金（学校債を含む.以下この項において同じ.）又は未払金（支払手形を含む.以下この項において同じ.）により取得した場合において，当該借入金又は未払金に相当する金額については，当該借入金又は未払金の返済又は支払（新たな借入金又は未払金によるものを除く.）を行つた会計年度において，返済又は支払を行つた金額に相当する金額を基本金へ組み入れるものとする.

（基本金の取崩し）

第31条 学校法人は，次の各号のいずれかに該当する場合には，当該各号に定める額の範囲内で基本金を取り崩すことができる.

一 その諸活動の一部又は全部を廃止した場合 その廃止した諸活動に係る基本金への組入額

二 その経営の合理化により前条第1項第1号に規定する固定資産を有する必要がなくなつた場合 その固定資産の価額

三 前条第1項第2号に規定する金銭その他の資産を将来取得する固定資産の取得に充てる必要がなくなつた場合 その金銭その他の資産の額

四 その他やむを得ない事由がある場合 その事由に係る基本金への組入額

第3節 貸借対照表の記載方法等

（貸借対照表の記載方法）

第32条 貸借対照表には，資産の部，負債の部及び純資産の部を設け，資産，負債及び純資産の科目ごとに，当該会計年度末の額を前会計年度末の額と対比して記載するものとする.

（貸借対照表の記載科目）

第33条 貸借対照表に記載する科目は，別表第三のとおりとする.

（重要な会計方針等の記載方法）

第34条 引当金の計上基準その他の計算書類の作成に関する重要な会計方針については，当該事項を脚注（注記事項を計算書類の末尾に記載することをいう.以下この条において同じ.）として記載するものとする.

2 重要な会計方針を変更したときは，その旨，その理由及びその変更による増減額を脚注として記載するものとする.

3 減価償却資産については，当該減価償却資産に係る減価償却額の累計額を控除した残額を記載し，減価償却額の累計額の合計額を脚注として記載するものとする.ただし，必要がある場合には，当該減価償却資産の属する科目ごとに，減価償却額の累計額を控除する形式で記載することができる.

4 金銭債権については，徴収不能引当金の額を控除した残額を記載し，徴収不能引当金の合計

額を脚注として記載するものとする．ただし，必要がある場合には，当該金銭債権の属する科目ごとに，徴収不能引当金の額を控除する形式で記載することができる．

5　担保に供されている資産については，その種類及び額を脚注として記載するものとする．

6　翌会計年度以後の会計年度において基本金への組入れを行うこととなる金額については，当該金額を脚注として記載するものとする．

7　当該会計年度の末日において第30条第1項第4号に掲げる金額に相当する資金を有していない場合には，その旨及び当該資金を確保するための対策を脚注として記載するものとする．

8　前各項に規定するもののほか，財政及び経営の状況を正確に判断するために必要な事項については，当該事項を脚注として記載するものとする．

（貸借対照表の様式）

第35条　貸借対照表の様式は，第七号様式のとおりとする．

（附属明細表の記載方法等）

第36条　固定資産明細表，借入金明細表及び基本金明細表には，当該会計年度における固定資産，借入金及び基本金の増減の状況，事由等をそれぞれ第八号様式，第九号様式及び第十号様式に従つて記載するものとする．

第5章　知事所轄学校法人に関する特例

（計算書類の作成に関する特例）

第37条　都道府県知事を所轄庁とする学校法人（以下「知事所轄学校法人」という．）は，第4条の規定にかかわらず，活動区分資金収支計算書又は基本金明細表（高等学校を設置するものにあつては，活動区分資金収支計算書に限る．）を作成しないことができる．

（徴収不能引当ての特例）

第38条　知事所轄学校法人（高等学校を設置するものを除く．次条において同じ．）は，第28条の規定にかかわらず，徴収不能の見込額を徴収不能引当金に繰り入れないことができる．

（基本金組入れに関する特例）

第39条　知事所轄学校法人は，第30条第1項の規定にかかわらず，同項第4号に掲げる金額に相当する金額の全部又は一部を基本金に組み入れないことができる．

第6章　幼保連携型認定こども園を設置する社会福祉法人に関する特例

第40条　法第14条第1項に規定する学校法人（法附則第2条第1項に規定する学校法人以外の私立の学校の設置者であつて，同条第3項の規定による特別の会計の経理をするものに限る．）のうち，幼保連携型認定こども園（就学前の子どもに関する教育，保育等の総合的な提供の推進に関する法律（平成18年法律第77号）第2条第7項に規定する幼保連携型認定こども園をいう．）を設置する社会福祉法人（社会福祉法（昭和26年法律第45号）第22条に規定する社会福祉法人をいう．）については，第1条第1項及び第2項の規定にかかわらず，一般に公正妥当と認められる社会福祉法人会計の基準に従うことができる．

附　則

1　この省令は，公布の日から施行する．

2　法第14条第1項の規定が初めて適用される学校法人（文部科学大臣を所轄庁とする学校法人及び法による改正前の私立学校法第59条第8項の規定の適用を受けた学校法人を除く．次項において同じ．）については，法第14条第1項の規定が初めて適用される会計年度における資金収支計算に係る会計処理以外の会計処理及び資金収支計算書（これに附属する内訳表を含む．）以外の計算書類の作成は，なお従前の例によることができる．

3　学校法人が前項に規定する会計年度の末日に有している資産に係る評価及び減価償却の方法については，第25条及び第26条第2項の規定によらないことができる．

4　当分の間，学校法人のうち，法附則第2条第1項に規定する学校法人以外の私立の学校の設

置者に対する第26条第2項の規定の適用については，同項中「定額法」とあるのは「定額法又は定率法」とする．

附　則（昭和51年1月10日文部省令第1号）

この省令は，学校教育法の一部を改正する法律（昭和50年法律第59号）の施行の日（昭和51年1月11日）から施行する．

附　則（昭和51年4月1日文部省令第14号）

この省令は，私立学校振興助成法の施行の日（昭和51年4月1日）から施行する．

附　則（昭和62年8月31日文部省令第25号）

1　この省令は，昭和63年4月1日から施行する．ただし，第30条第1項第4号の改正規定は，公布の日から施行する．

2　改正後の学校法人会計基準の規定は，昭和63年度以後の会計年度に係る会計処理及び計算書類の作成について適用し，昭和62年度以前の会計年度に係るものについては，なお従前の例による．

附　則（平成6年7月4日文部省令第31号）

この省令は，公布の日から施行し，平成6年度以後の会計年度に係る会計処理及び計算書類の作成について適用する．

附　則（平成12年10月31日文部省令第53号）抄

（施行期日）

第1条　この省令は，内閣法の一部を改正する法律（平成11年法律第88号）の施行の日（平成13年1月6日）から施行する．

附　則（平成17年3月31日文部科学省令第17号）

1　この省令は，平成17年4月1日から施行する．

2　改正後の学校法人会計基準の規定は，平成17年度以後の会計年度に係る会計処理及び計算書類の作成について適用し，平成16年度以前の会計年度に係るものについては，なお従前の例による．

附　則（平成19年12月25日文部科学省令第40号）抄

この省令は，学校教育法等の一部を改正する法律の施行の日（平成19年12月26日）から施行する．

附　則（平成22年2月25日文部科学省令第2号）

1　この省令は，平成22年4月1日から施行する．

2　改正後の学校法人会計基準の規定は，平成22年度以後の会計年度に係る会計処理及び計算書類の作成について適用し，平成21年度以前の会計年度に係るものについては，なお従前の例による．

附　則（平成23年10月19日文部科学省令第37号）

この省令は，平成24年4月1日から施行する．

附　則（平成25年4月22日文部科学省令第15号）

1　この省令は，平成27年4月1日から施行する．

2　改正後の学校法人会計基準の規定は，平成27年度（都道府県知事を所轄庁とする学校法人にあっては，平成28年度）以降の会計年度に係る会計処理及び計算書類の作成について適用し，平成26年度（都道府県知事を所轄庁とする学校法人にあっては，平成27年度）以前の会計年度に係るものについては，なお従前の例による．

附　則（平成27年3月30日文部科学省令第13号）

（施行期日）

1　この省令は，就学前の子どもに関する教育，保育等の総合的な提供の推進に関する法律の一部を改正する法律の施行の日（平成27年4月1日）から施行する．

（経過措置）

2　第6条の規定による改正後の学校法人会計基準第6章の規定は，この省令の施行の日（以下この項において「施行日」という．）以後に開始する会計年度に係る会計処理及び計算書類の作成について適用し，施行日前に開始した会計年度に係るものについては，なお従前の例による．

別表第一　資金収支計算書記載科目（第10条関係）

収入の部

大科目	小科目	備考
学生生徒等納付金収入	授業料収入	聴講料、補講料等を含む。
	入学金収入	
	実験実習料収入	教員資格その他の資格を取得するための実習料を含む。
	施設設備資金収入	施設設備充実費その他施設・設備の拡充等のための資金として徴収する収入をいう。
手数料収入	入学検定料収入	その会計年度に実施する入学試験等のために徴収する収入をいう。
	試験料収入	編入学、追試験等のために徴収する収入をいう。
	証明手数料収入	在学証明、成績証明等の証明のための収入をいう。
寄付金収入	特別寄付金収入	土地、建物等の現物寄付金を含む。用途指定のある寄付金をいう。
	一般寄付金収入	用途指定のない寄付金をいう。
補助金収入	国庫補助金収入	日本私立学校振興・共済事業団からの補助金を含む。
	地方公共団体補助金収入	
資産売却収入	施設売却収入	固定資産に含まれない物品の売却収入を除く。
	設備売却収入	
	有価証券売却収入	
付随事業・収益事業収入	補助活動収入	食堂、売店、寄宿舎等教育活動に付随する活動に係る事業の収入をいう。
	附属事業収入	附属機関（病院、附属農場、研究所等）の事業の収入をいう。
	受託事業収入	外部から委託を受けた試験、研究等による収入をいう。
	収益事業収入	収益事業会計からの繰入収入をいう。
受取利息・配当金収入	第3号基本金引当特定資産運用収入	第3号基本金引当特定資産の運用により生ずる収入をいう。
	その他の受取利息・配当金収入	預金、貸付金等の利息、株式の配当金等をいい、第3号基本金引当特定資産運用収入以外の収入をいう。
雑収入	施設設備利用料収入	
	廃品売却収入	施設設備利用人の他学校法人の負担とならない上記の各収入以外の収入をいう。
借入金等収入	長期借入金収入	その期間が貸借対照表日後1年を超えて到来するものをいう。
	短期借入金収入	その期間が貸借対照表日後1年以内に到来するものをいう。
	学校債収入	
前受金収入	授業料前受金収入	翌年度入学に係る学生、生徒等に係る生徒等納付金収入その他の前受金収入をいう。
	入学金前受金収入	
	実験実習料前受金収入	
	施設設備資金前受金収入	
その他の収入	第2号基本金引当特定資産取崩収入	
	第3号基本金引当特定資産取崩収入	
	（何号引当特定資産取崩収入）	
	前期末未収入金収入	前会計年度における未収入金の当会計年度における収入をいう。
	貸付金回収収入	
	前受金収入	上記の各収入以外の収入をいう。

支出の部

科目（大科目）	小科目	備考
人件費支出	教員人件費支出	教員（学長、校長又は園長を含む。以下同じ。）に支給する本俸、期末手当及びその他の手当並びに所定福利費をいう。
	職員人件費支出	教員以外の職員に支給する本俸、期末手当及びその他の手当並びに所定福利費をいう。
	役員報酬支出	理事及び監事に支払う報酬をいう。
	退職金支出	
教育研究経費支出	消耗品費支出	教育研究のために支出する経費（学生、生徒等を募集するために支出する経費を除く。）をいう。
	光熱水費支出	電気、ガス又は水の供給を受けるために支出する経費をいう。
	旅費交通費支出	
	奨学費支出	貸与の奨学金を除く。
管理経費支出	消耗品費支出	
	光熱水費支出	
	旅費交通費支出	
借入金等利息支出	借入金利息支出	
	学校債利息支出	
借入金等返済支出	借入金返済支出	
	学校債返済支出	
施設関係支出	土地支出	整地費、測量費、登記料等の土地の取得に伴う支出を含む。
	建物支出	建物に附属する電気、給排水、暖房等の設備のための支出を含む。
	構築物支出	プール、競技場、庭園等の土木設備又は工作物のための支出をいう。

科目（大科目）	小科目	備考
（施設関係支出）		建物及び構築物等が完成するまでの支出をいう。
建設仮勘定支出		標本及び模型の取得のための支出を含む。
設備関係支出	教育研究用機器備品支出	
	管理用機器備品支出	
	図書支出	
	車両支出	
	ソフトウエア支出	ソフトウエアに係る支出のうち資産計上されるものをいう。
資産運用支出	有価証券購入支出	
	第2号基本金引当特定資産繰入支出	
	第3号基本金引当特定資産繰入支出	
	（何）引当特定資産繰入支出	
	収益事業元入金支出	収益事業に対する元入額の支出をいう。
その他の支出	貸付金支払支出	収益事業に対する貸付金の支出を含む。
	手形債務支払支出	
	前期末未払金支払支出	
	預り金支払支出	
	前払金支払支出	

（注）
1 小科目については、適当な科目を追加し、又は細分することができる。
2 大科目及び小科目は、形態分類によるものであり、かつ、金額の多少にかかわらず、この限りでない。ただし、形態分類によって分けがたい科目は、これを設けることができる。
3 大科目と小科目の間に、適当な中科目を設けることができる。
4 支出の科目に代えて、経費を主たる用途とする学校法人にあっては、教育研究経費支出及び管理経費支出の科目を設けることができる。
5 都道府県知事を所轄庁とする学校法人にあっては、教育研究用機器備品支出、管理用機器備品支出の科目に代えて、機器備品支出の科目を設けることができる。

別表第二　事業活動収支計算書記載科目（第19条関係）

教育活動収支　事業活動収入の部

大科目	小科目	備考
学生生徒等納付金	授業料	聴講料、補講料等を含む。
	入学金	
	実験実習料	教員資格その他の資格を取得するための実習料を含む。
	施設設備資金	施設設備充実費その他の施設・設備等の拡充等のための資金として徴収する収入をいう。
手数料	入学検定料	その会計年度に実施する入学試験のための収入に該当する収入をいう。
	試験料	編入学、追試験等のための収入に該当する収入をいう。
	証明手数料	在学証明、成績証明等のための収入に該当する収入をいう。
寄付金	特別寄付金	施設設備寄付金以外の寄付金をいう。
	一般寄付金	用途指定のない寄付金をいう。
	現物寄付	施設設備以外の現物資産等の受贈額をいう。
経常費等補助金	国庫補助金	施設設備補助金以外の国からの補助金をいう。
	地方公共団体補助金	日本私立学校振興・共済事業団からの補助金を含む。
付随事業収入	補助活動収入	食堂、売店、寄宿舎等教育活動に付随する活動に係る事業の収入をいう。
	附属事業収入	附属機関（病院、農場、研究所等）の事業の収入をいう。
	受託事業収入	外部から委託を受けた試験、研究等による収入をいう。
雑収入	施設設備利用料	施設設備の利用料、廃品売却収入その他の上記以外の収入をいう。
	廃品売却収入	売却する物品に帳簿残高がある場合には、売却収入が帳簿残高を超える額をいう。

教育活動収支　事業活動支出の部

大科目	小科目	備考
人件費	教員人件費	教員（学長、校長又は園長を含む。以下同じ。）に支給する本俸、期末手当その他の手当並びに所定福利費をいう。
	職員人件費	教員以外の職員に支給する本俸、期末手当及びその他の手当並びに所定福利費をいう。
	役員報酬	理事及び監事に支払う報酬をいう。
	退職給与引当金繰入額	退職給与引当金への繰入れが不足している場合には、当該会計年度における退職給与引当金繰入額と退職給与引当金計上額との差額を退職金として記載するものとする。
	退職金	
教育研究経費	消耗品費	教育研究のために支出する経費（学生、生徒等を募集するために支出する経費を除く。）をいう。
	光熱水費	電気、ガス又は水の供給を受けるために支出する経費をいう。
	旅費交通費	
	奨学費	貸与の奨学金を除く。
	減価償却額	教育研究用減価償却資産に係る当該会計年度分の減価償却額をいう。
管理経費	消耗品費	
	光熱水費	
	旅費交通費	
	減価償却額	管理用減価償却資産に係る当該会計年度分の減価償却額をいう。
徴収不能額等	徴収不能引当金繰入額	徴収不能引当金への繰入れが不足している場合には、当該会計年度において徴収不能となった金額と徴収不能引当金繰入額との差額を徴収不能額として記載するものとする。
	徴収不能額	

別表第三 貸借対照表記載科目（第33条関係）

資産の部

科目			備考
大科目	中科目	小科目	
固定資産	有形固定資産	土地	貸借対照表日後1年を超えて使用される資産をいう。耐用年数が1年未満になっているものであっても使用中のものを含む。
		建物	建物に附属する電気、給排水、暖房等の設備を含む。
		構築物	プール、競技場、庭園等の施設及び工作物をいう。
		教育研究用機器備品	標本及び模型を含む。
		管理用機器備品	
		図書	
		車両	
		建設仮勘定	建設中又は製作中の有形固定資産をいい、工事前払金、手付金等を含む。
	特定資産	第2号基本金引当特定資産	使途が特定された預金等をいう。
		第3号基本金引当特定資産	
		（何）引当特定資産	
	その他の固定資産	借地権	地上権を含む。
		電話加入権	専用電話、加入電話等の設備に要する負担金等をいう。
		施設利用権	
		ソフトウエア	
		有価証券	長期に保有する有価証券をいう。
		収益事業元入金	収益事業に対する元入額をいう。
		長期貸付金	その期間が貸借対照表日後1年を超えて回収するものをいう。

科目		備考
大科目	小科目	
事業活動収入の部 教育活動外収入 受取利息・配当金	第3号基本金引当特定資産運用収入	第3号基本金引当特定資産の運用により生ずる収入をいう。
	その他の受取利息・配当金	株式等の配当金をいい、第3号基本金引当特定資産運用収入を除く。
その他の教育活動外収入	収益事業収入	収益事業会計からの繰入収入をいう。
事業活動支出の部 教育活動外支出 借入金等利息	借入金利息	
	学校債利息	
その他の教育活動外支出	過年度修正額	
特別収支 特別収入 事業活動収入の部 資産売却差額	施設設備寄付金	資産売却収入が当該資産の売却時の帳簿残高を超える場合のその超過額をいう。
	現物寄付	施設設備の拡充等のための寄付金をいう。
	施設設備補助金	施設設備の拡充等のための補助金をいう。
その他の特別収入	過年度修正額	前年度以前に計上した収入又は支出の修正額で当年度の収入又は支出となるもの。
事業活動支出の部 特別支出 資産処分差額	災害損失	資産の帳簿残高が当該資産の売却時の帳簿残高を超える場合のその超過額をいい、除却損又は廃棄損をいう。
その他の特別支出	過年度修正額	前年度以前に計上した収入又は支出の修正額で当年度の収入又は支出となるもの。

（注）
1 小科目については、適宜な科目を追加し、又は細分することができる。
2 小科目に追加する科目は、形態分類による科目でなければならない。ただし、形態分類が困難であり、かつ、金額が僅少なものについては、この限りでない。
3 大科目と小科目の間に適当な科目を設けることができる。
4 都道府県知事を所轄庁とする学校法人にあっては、教育研究用の科目及び管理経費の科目に代えて、経費の科目を設けることができる。

流動資産

大科目	小科目	備考
流動資産	現金預金	
	未収入金	学生生徒等納付金、補助金等の貸借対照表日における未収額をいう。
	貯蔵品	減価償却の対象となる長期的な使用資産を除く。
	短期貸付金	その期限が貸借対照表日後1年以内に到来するものをいう。
	有価証券	一時的に保有する有価証券をいう。

負債の部

科目		備考
大科目	小科目	
固定負債	長期借入金	その期限が貸借対照表日後1年を超えて到来するものをいう。
	学校債	同上
	長期未払金	同上
	退職給与引当金	退職給与規程等による計算に基づく退職給与引当額をいう。
流動負債	短期借入金	その期限が貸借対照表日後1年以内に到来するものをいい、資金借入れのために振り出した手形上の債務を含む。
	1年以内償還予定学校債	その期限が貸借対照表日後1年以内に到来するものをいう。
	手形債務	物品の購入のために振り出した手形上の債務に限る。
	未払金	
	前受金	
	預り金	教職員の源泉所得税、社会保険料等の預り金をいう。

純資産の部

科目		備考
大科目	小科目	
基本金	第1号基本金	第30条第1項第1号に掲げる額に係る基本金をいう。
	第2号基本金	第30条第1項第2号に掲げる額に係る基本金をいう。
	第3号基本金	第30条第1項第3号に掲げる額に係る基本金をいう。
	第4号基本金	第30条第1項第4号に掲げる額に係る基本金をいう。
繰越収支差額	翌年度繰越収支差額	

(注)
1 小科目については、適当な科目を追加し、又は細分することができる。
2 都道府県知事を所轄庁とする学校法人にあっては、教育研究用機器備品の科目及び管理用機器備品の科目に代えて、機器備品の科目を設けることができる。

第一号様式（第12条関係）

資金収支計算書

年　月　日から
年　月　日まで

（単位：円）

科　目	予　算	決　算	差　異
収入の部			
学生生徒等納付金収入			
授業料収入			
入学金収入			
実験実習料収入			
施設設備資金収入			
（何）			
手数料収入			
入学検定料収入			
試験料収入			
証明手数料収入			
（何）			
寄付金収入			
特別寄付金収入			
一般寄付金収入			
補助金収入			
国庫補助金収入			
地方公共団体補助金収入			
（何）			
資産売却収入			
施設売却収入			
設備売却収入			
有価証券売却収入			
（何）			
付随事業・収益事業収入			
補助活動収入			
附属事業収入			
受託事業収入			
収益事業収入			
（何）			
受取利息・配当金収入			
第3号基本金引当特定資産運用収入			
その他の受取利息・配当金収入			
雑収入			
施設設備利用料収入			
廃品売却収入			
（何）			
借入金等収入			
長期借入金収入			
短期借入金収入			
学校債収入			
前受金収入			
授業料前受金収入			
入学金前受金収入			
実験実習料前受金収入			
施設設備資金前受金収入			
（何）			
その他の収入			
第2号基本金引当特定資産取崩収入			
第3号基本金引当特定資産取崩収入			
（何）引当特定資産取崩収入			
前期末未収入金収入			
貸付金回収収入			
預り金受入収入			
（何）			
資金収入調整勘定			
期末未収入金	△	△	
前期末前受金	△	△	
（何）	△	△	
前年度繰越支払資金			
収入の部合計			
支出の部			
人件費支出			
教員人件費支出			
職員人件費支出			

第2号基本金引当特定資産繰入支出					
第3号基本金引当特定資産繰入支出					
（何）引当特定資産繰入支出					
収益事業元入金支出					
その他の支出					
貸付金支払支出					
手形債務支払支出					
前期末未払金支払支出					
預り金支払支出					
前払金支払支出					
（何）					
［予備費］					( )
資金支出調整勘定				△	△
期末未払金				△	△
前期末前払金				△	△
（何）					
翌年度繰越支払資金					
支出の部合計					

（注）1. この表に掲げる科目に計上すべき金額がない場合には、当該科目を省略する様式によるものとする。
2. この表に掲げる科目以外の科目を設けている場合には、その科目を追加する様式によるものとする。
3. 予算の欄の予備費の項の（ ）内には、予備費の使用額を記載し、（ ）外には、未使用額を記載する。予算額から予備費の使用額に振り替えて記載し、当該科目及びその振替科目及びその金額を注記する。

役員報酬支出					
退職金支出					
（何）					
教育研究経費支出					
消耗品費支出					
光熱水費支出					
旅費交通費支出					
奨学費支出					
（何）					
管理経費支出					
消耗品費支出					
光熱水費支出					
旅費交通費支出					
（何）					
借入金等利息支出					
借入金利息支出					
学校債利息支出					
借入金等返済支出					
借入金返済支出					
学校債返済支出					
施設関係支出					
土地支出					
建物支出					
構築物支出					
建設仮勘定支出					
設備関係支出					
教育研究用機器備品支出					
管理用機器備品支出					
図書支出					
車両支出					
ソフトウェア支出					
（何）					
資産運用支出					
有価証券購入支出					

第二号様式（第13条関係）

資金収支内訳表

年　月　日から
年　月　日まで

収入の部

（単位：円）

部門　　科目	学校法人	（何）大学 （何）学部	計	（何）幼稚園	研究所	（何）病院	総額
学生生徒等納付金収入							
授業料収入							
入学金収入							
実験実習料収入							
施設設備資金収入							
（何）							
手数料収入							
入学検定料収入							
試験料収入							
証明手数料収入							
（何）							
寄付金収入							
特別寄付金収入							
一般寄付金収入							
補助金収入							
国庫補助金収入							
地方公共団体補助金収入							
（何）							
資産売却収入							
施設売却収入							
設備売却収入							
有価証券売却収入							
（何）							
付随事業・収益事業収入							
補助活動収入							
附属事業収入							
受託事業収入							
収益事業収入							
（何）							
受取利息・配当金収入							
第3号基本金引当特定資産運用収入							
その他の受取利息・配当金収入							
補助							
施設設備利用料収入							
物品売却収入							
（何）							
借入金等収入							
長期借入金収入							
短期借入金収入							
学校債収入							
計							

支出の部

（単位：円）

部門　　科目	学校法人	（何）大学 （何）学部	計	（何）幼稚園	研究所	（何）病院	総額
人件費支出							
教員人件費支出							
職員人件費支出							
役員報酬支出							
退職金支出							
（何）							
教育研究経費支出							
消耗品費支出							
光熱水費支出							
旅費交通費支出							
奨学費支出							
（何）							
管理経費支出							
消耗品費支出							
光熱水費支出							

第三号様式（第14条関係）

人　件　費　支　出　内　訳　表

（単位　円）

年　月　日から
年　月　日まで

部門 科目	学校法人	（何）学部	（何）大学	計	（何）幼稚園	（研究）所	（何）病院	総額
教員人件費支出								
本務教員								
本俸								
期末手当								
その他の手当								
所定福利費								
（何）								
兼務教員								
職員人件費支出								
本務職員								
本俸								
期末手当								
その他の手当								
所定福利費								
（何）								
兼務職員								
役員報酬支出								
退職金支出								
教　員								
職　員								
（何）								

（注）　1　学校法人が現に有している部門のみを掲げる様式によるものとする。
　　　　2　どの部門の支出であるか明らかでない人件費支出は、教員数又は職員数の比率等を勘案して、合理的に各部門に配付する。

旅費交通費支出								
（何）								
借入金等利息支出								
借入金利息支出								
学校債利息支出								
借入金等返済支出								
借入金返済支出								
学校債返済支出								
施設関係支出								
土地支出								
建物支出								
構築物支出								
建設仮勘定支出								
（何）								
設備関係支出								
教育研究用機器備品支出								
管理用機器備品支出								
図書支出								
車両支出								
ソフトウェア支出								
（何）								
計								

（注）　1　学校法人が現に有している部門のみを掲げる様式によるものとする。
　　　　2　この表に掲げる科目に計上すべき金額がない場合には、当該科目を省略する様式によるものとする。
　　　　3　この表に掲げる科目以外の科目を設けている場合には、その科目を追加する様式によるものとする。
　　　　4　どの部門の収入又は支出であるか明らかでない収入又は支出は、教員数又は在学者各数の比率等を勘案して、合理的に各部門に配付する。

活　動　区　分　資　金　収　支　計　算　書

年　月　日から
年　月　日まで

（単位：円）

	科　目	金　額
教育活動による資金収支（収入）	学生生徒等納付金収入	
	手数料収入	
	特別寄付金収入	
	一般寄付金収入	
	経常費等補助金収入	
	付随事業収入	
	雑収入	
	（何）	
	教育活動資金収入計	
教育活動による資金収支（支出）	人件費支出	
	教育研究経費支出	
	管理経費支出	
	（何）	
	教育活動資金支出計	
	差引	
	調整勘定等	
	教育活動資金収支差額	
施設整備等活動による資金収支（収入）	施設設備寄付金収入	
	設備補助金収入	
	施設設備売却収入	
	第2号基本金引当特定資産取崩収入	
	（何）	
	（何）	
	施設整備等活動資金収入計	
施設整備等活動による資金収支（支出）	施設関係支出	
	設備関係支出	
	第2号基本金引当特定資産繰入支出	
	（何）	
	（何）	
	施設整備等活動資金支出計	
	差引	
	調整勘定等	
	施設整備等活動資金収支差額	
	小計（教育活動資金収支差額＋施設整備等活動資金収支差額）	

	科　目	金　額
その他の活動による資金収支（収入）	借入金等収入	
	有価証券売却収入	
	第3号基本金引当特定資産取崩収入	
	（何）引当特定資産取崩収入	
	（何）	
	小計	
	受取利息・配当金収入	
	収益事業収入	
	（何）	
	その他の活動資金収入計	
その他の活動による資金収支（支出）	借入金等返済支出	
	有価証券購入支出	
	第3号基本金引当特定資産繰入支出	
	（何）引当特定資産繰入支出	
	（何）	
	小計	
	借入金等利息支出	
	収益事業元入金支出	
	（何）	
	その他の活動資金支出計	
	差引	
	調整勘定等	
	その他の活動資金収支差額	
	支払資金の増減額（小計＋その他の活動資金収支差額）	
	前年度繰越支払資金	
	翌年度繰越支払資金	

（注）　1　この表に掲げる科目に付け加えるべきものがない場合には、当該科目を省略する各様式によるものとする。

2　この表に掲げる科目以外の科目を設けている場合には、その科目を追加する各様式によるものとする。

3　調整勘定等の科目には、活動区分ごとに、資金収支計算書の調整勘定に関連する期末未収入金、前期末未収入金、前期末前払金、前期末前受金（期末未収入金、前期末未収入金、前期末前払金、前期末前受金等）を相互に加減した額を記載する。また、活動区分ごとの調整勘定等の加減の計算過程を注記する。

第五号様式（第23条関係）

事業活動収支計算書

　　　　年　月　日から
　　　　年　月　日まで

（単位　円）

科目	予算	決算	差異
事業活動収入の部			
学生生徒等納付金			
授業料			
入学金			
実験実習料			
施設設備資金			
（何）			
手数料			
入学検定料			
試験料			
証明手数料			
（何）			
寄付金			
特別寄付金			
一般寄付金			
現物寄付			
経常費等補助金			
国庫補助金			
地方公共団体補助金			
（何）			
補助金			
付随事業収入			
補助活動収入			
附属事業収入			
受託事業収入			
（何）			
雑収入			
施設設備利用料収入			
廃品売却収入			
（何）			
教育活動収入計			
事業活動支出の部			
人件費			
教員人件費			
職員人件費			
役員報酬			
退職給与引当金繰入額			
退職金			

科目	予算	決算	差異
教育活動収支			
事業活動支出の部			
（何）			
教育研究経費			
消耗品費			
光熱水費			
旅費交通費			
奨学費			
管理経費			
消耗品費			
光熱水費			
旅費交通費			
減価償却額			
（何）			
減価償却額			
徴収不能額等			
徴収不能引当金繰入額			
徴収不能額			
教育活動支出計			
教育活動収支差額			

科目	予算	決算	差異
教育活動外収支			
事業活動収入の部			
受取利息・配当金			
第3号基本金引当特定資産運用収入			
その他の受取利息・配当金			
その他の教育活動外収入			
収益事業収入			
（何）			
教育活動外収入計			
事業活動支出の部			
借入金等利息			
借入金利息			
学校債利息			
その他の教育活動外支出			
（何）			
教育活動外支出計			
経常収支差額			

科目	予算	決算	差異
特別収支			
事業活動収入の部			
資産売却差額			
（何）			
その他の特別収入			
施設設備寄付金			
現物寄付			

176

第六号様式（第24条関係）

事業活動収支内訳表

年　月　日から
年　月　日まで

（単位：円）

科目	学校法人	（何）大学	（何）研究所	（何）幼稚園	（何）病院	総額
教育活動収支						
事業活動収入の部						
学生生徒等納付金						
授業料						
入学金						
実験実習料						
施設設備資金						
（何）						
手数料						
入学検定料						
試験料						
証明手数料						
（何）						
寄付金						
特別寄付金						
一般寄付金						
現物寄付金						
経常費等補助金						
国庫補助金						
地方公共団体補助金						
（何）						
付随事業収入						
補助活動収入						
附属事業収入						
受託事業収入						
（何）						
雑収入						
施設設備利用料						
廃品売却収入						
（何）						
教育活動収入計						
事業活動支出の部						
人件費						
教員人件費						
職員人件費						
役員報酬						
退職給与引当金繰入額						
退職金						

科目	予算	決算	差異
特別収支			
事業活動収入の部			
施設設備補助金			
（何）			
過年度修正額			
特別収入計			
事業活動支出の部			
資産処分差額			
その他の特別支出			
（何）			
災害損失			
過年度修正額			
特別支出計			
特別収支差額			
［予備費］	（　）△		
基本金組入前当年度収支差額			
基本金組入額合計	△	△	
当年度収支差額			
前年度繰越収支差額			
基本金取崩額			
翌年度繰越収支差額			
（参考）			
事業活動収入計			
事業活動支出計			

（注）
1　この表に掲げる科目に計上すべき金額がない場合には、当該科目を省略する様式によるものとする。
2　この表に掲げる科目以外の科目を設ける場合には、その科目を追加する様式によるものとする。
3　予備費の欄の予備費の項の（　）外には、予備費の使用額を記載し、（　）内には、未使用額を記載するとともに、予備費の予備費の使用額は、該当する使用科目に振り替えて記載し、その振替科目及びその金額を注記する。

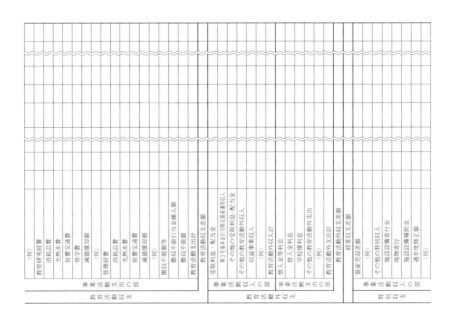

特別収入小計

	資産処分差額	
	（何）	
事業活動支出の部	その他の特別支出	
	災害損失	
	過年度修正額	
	（何）	

特別支出小計

特別収支差額

基本金組入前当年度収支差額

基本金組入額合計

当年度収支差額

（参考）

事業活動収入計

事業活動支出計

（注）
1　学校法人が現に有している部門のみを掲げる様式によるものとする。
2　この表に掲げる科目に計上すべき金額がない場合には、当該科目を省略する様式によるものとする。
3　この表に掲げる科目以外の科目を設けている場合には、その科目を追加する様式によるものとする。
4　どの部門の事業活動収入又は事業活動支出であるかが明らかでない事業活動収入又は事業活動支出は、教員数又は在籍学生数の比率等を勘案して、合理的に各部門に配分する。

教育活動収支

事業活動支出の部

| （何） |
| 教育研究経費 |
| 消耗品費 |
| 光熱水費 |
| 旅費交通費 |
| 奨学費 |
| 減価償却額 |
| （何） |
| 管理経費 |
| 消耗品費 |
| 光熱水費 |
| 旅費交通費 |
| 減価償却額 |
| （何） |
| 徴収不能引当金繰入額 |
| 徴収不能額 |

教育活動支出計

教育活動収支差額

教育活動外収支

事業活動収入の部

| 受取利息・配当金 |
| 第3号基本金引当特定資産運用収入 |
| その他の受取利息・配当金 |
| （何） |
| その他の教育活動外収入 |
| 収益事業収入 |
| （何） |

教育活動外収入計

事業活動支出の部

| 借入金等利息 |
| 借入金利息 |
| 学校債利息 |
| その他の教育活動外支出 |
| （何） |

教育活動外支出計

教育活動外収支差額

経常収支差額

特別収支

事業活動収入の部

| 資産売却差額 |
| （何） |
| その他の特別収入 |
| 施設設備寄付金 |
| 現物寄付 |
| 施設設備補助金 |
| 過年度修正額 |
| （何） |

178

第七号様式（第35条関係）

貸　借　対　照　表

年　月　日

（単位　円）

資産の部

科　　目	本年度末	前年度末	増　減
固定資産			
有形固定資産			
土地			
建物			
構築物			
教育研究用機器備品			
管理用機器備品			
図書			
車両			
建設仮勘定			
（何）			
特定資産			
第2号基本金引当特定資産			
第3号基本金引当特定資産			
（何）引当特定資産			
その他の固定資産			
借地権			
電話加入権			
施設利用権			
ソフトウェア			
有価証券			
収益事業元入金			
長期貸付金			
（何）			
流動資産			
現金預金			
未収入金			
貯蔵品			
短期貸付金			
有価証券			
（何）			
資産の部合計			

負債の部

科　　目	本年度末	前年度末	増　減
固定負債			
長期借入金			
学校債			
長期未払金			
退職給与引当金			
（何）			
流動負債			
短期借入金			
1年以内償還予定学校債			
手形債務			
未払金			
前受金			
預り金			
（何）			
負債の部合計			

純資産の部

科　　目	本年度末	前年度末	増　減
基本金			
第1号基本金			
第2号基本金			
第3号基本金			
第4号基本金			
繰越収支差額			
翌年度繰越収支差額			
純資産の部合計			
負債及び純資産の部合計			

注記
重要な会計方針
重要な会計方針の変更等
減価償却額の累計額の合計額
徴収不能引当金の合計額
担保に供されている資産の種類及び金額
当該会計年度の末日において第4号基本金に相当する資金を有していない場合のその旨と対策
その他財政及び経営の状況を正確に判断するために必要な事項

（注）　1　この表に掲げる科目に計上すべき金額がない場合には、当該科目を省略する様式によるものとする。
　　　　2　この表に掲げる科目以外の科目を設けている場合には、その科目を追加する様式によるものとする。

借 入 金 明 細 表

年　月　日から
年　月　日まで

（単位：円）

借入先	期首残高	当期増加額	当期減少額	期末残高	利率	返済期限	摘要
長期借入金　公的金融機関（何）							
計							
市中金融機関（何）							
小計							
その他（何）							
小計							
短期借入金　公的金融機関（何）							
小計							
市中金融機関（何）							
小計							
その他（何）							
小計							
返済期限が1年以内の長期借入金							
合計							

（注）　1　摘要の欄には、借入金の使途及び担保物件の種類を記載する。
　　　　2　同一の借入先について複数の契約口数がある場合には、借入先別に一括し、利率、返済期限、借入金の使途及び担保物件の種類について要約して記載することができる。

固 定 資 産 明 細 表

年　月　日から
年　月　日まで

（単位：円）

科目	期首残高	当期増加額	当期減少額	期末残高	減価償却額の累計額	差引期末残高	摘要
有形固定資産　土地							
建物							
構築物							
教育研究用機器備品							
管理用機器備品							
図書							
車両							
建設仮勘定							
（何）							
計							
特定資産　第2号基本金引当特定資産							
第3号基本金引当特定資産							
（何）引当特定資産							
計							
その他の固定資産　借地権							
電話加入権							
施設利用権							
ソフトウェア							
有価証券							
収益事業元入金							
長期貸付金							
（何）							
計							
合計							

（注）　1　この表に掲げる科目に計上すべき金額がない場合には、当該科目を省略する様式によるものとする。
　　　　2　この表に掲げる科目以外の科目を設けている場合には、その科目を追加する様式によるものとする。
　　　　3　期末残高から減価償却額の累計額を控除した残高を差引期末残高の欄に記載する。
　　　　4　贈与、災害による喪失その他特殊な事由による増加又は減少があった場合又は同一科目について資産総額の1／100に相当する額（その額が3,000万円を超える場合には、3,000万円）を超える資産の増加若しくは減少があった場合には、それぞれその事由を摘要の欄に記載する。

第十号様式（第36条関係）

基本金明細表

年　月　日から
年　月　日まで

（単位　円）

項	要組入高	組入高	未組入高	摘要
第1号基本金				
前期繰越高				
当期組入高（何）	△	△		
計	△	△		
当期取崩高				
当期末残高				
第2号基本金				
前期繰越高				
当期組入高（何）		△		
計		△		
当期取崩高				
当期末残高				
第3号基本金				
前期繰越高				
当期組入高（何）	△	△		
計	△	△		
当期取崩高				
当期末残高				
第4号基本金				
前期繰越高				
当期組入高				

当期取崩高		
当期末残高		△
合　　計		
前期繰越高		
当期組入高		
当期末残高		△

（注）1　この表に掲げる事項に付せんとすべき金額がない場合には、当該事項を各欄ごとに記載するものとする。

2　当期組入高及び当期取崩高については、組入れ及び取崩しの原因となる事実ごとに記載する。ただし、第3号基本金以外の基本金については、当期組入れに係る金額の合計額が前期繰越高の100分の1に相当する金額（その金額が、3,000万円を超える場合には、3,000万円）を超えない場合には、資産の種類等により一括して記載することができる。

3　当期組入高の欄には第1号基本金にあっては取得し又は固定資産の価額に相当する金額を、第4号基本金にあっては第30条第1項第4号の規定により支部科学大臣が定めた額を記載する。

4　未組入高の欄には、要組入高から組入高を減じた額を記載する。

備考　第2号基本金及び第3号基本金に係る組入高については、この表の付表として、基本金の組入れに係る計画等を記載した表を次の様式に従い作成し、添付するものとする。

資料　181

様式第一の一

第3号基本金の組入れに係る計画集計表

(単位 円)

番号	基金の名称	第3号基本金引当特定資産運用収入	第3号基本金当期末残高
計			

(注) 計画が1件のみの場合は本表の作成を要しない。

様式第一の二

第3号基本金の組入れに係る計画表

(単位 円)

番号：

基金の名称（目的）		決定機関	当初決定の年月日	変更決定の年月日	摘要
基金の設定計画及び基本金組入れ計画の決定機関及び決定年月日					
基金を運用して行う事業					
基本金組入れ計画及びその実行状況	組入れ目標額		組入れ予定年度	組入れ予定額	組入額	摘要
	計				

(注) 1 この計画表は、組入れ額が、組入れ目標額に達するまでの間、作成する。
2 組入れ予定額及び組入額は、組入れ計画年度ごとに記載する。

様式第一の三

第3号基本金の組入れに係る計画表

(単位 円)

基金の名称	基金設定計画の当初決定の年月日	基本金の期首額	運用又は事業使用残額	特別寄付金の額	基金の期末額	摘要

(注) この計画表は、当年度の基本金組入額が、基金の運用又は事業使用残額、基金の運用収入による特別寄付金の事業使用残額又は学校法人の募集による特別寄付金の額のみである場合は、様式第一の二により作成することに代えて作成することができる（た だし、当該基金の設定直後初めて作成するときを除く。）。

様式第二の一

第2号基本金の組入れに係る計画集計表

(単位 円)

番号	計画の名称	第2号基本金当期末残高
計		

(注) 計画が1件のみの場合は本表の作成を要しない。

様式第二の二

第2号基本金の組入れに係る計画表

番号：

(単位 円)

計画の名称		決定機関	当初決定の年月日	変更決定の年月日		摘要
固定資産の取得計画及び基本金組入れ計画及びその決定機関及び決定年月日						
固定資産の取得計画及びその実行状況	取得予定固定資産（種類）	取得予定年度	取得予定の年月日	取得額		第2号基本金から第1号基本金への振替額	摘要
				計			
基本金組入れ計画及びその実行状況	組入れ予定年度	組入れ予定額	組入額			摘要
		計				

(注) 1 取得予定固定資産の所得見込総額を、当該摘要の欄に記載する。
2 組入れ予定額及び組入額は、組入れ計画年度ごとに記載する。

私立学校法〈抜粋〉

最終改正　2019（令和元）年6月14日公布（令和元年法律第11号），2020年4月1日施行

第1条　この法律は，私立学校の特性にかんがみ，その自主性を重んじ，公共性を高めることによつて，私立学校の健全な発達を図ることを目的とする．

第3条　この法律において「学校法人」とは，私立学校の設置を目的として，この法律の定めるところにより設立される法人をいう．

第26条　学校法人は，その設置する私立学校の教育に支障のない限り，その収益を私立学校の経営に充てるため，収益を目的とする事業を行うことができる．

2　前項の事業の種類は，私立学校審議会又は学校教育法第95条に規定する審議会等（以下「私立学校審議会等」という．）の意見を聴いて，所轄庁が定める．所轄庁は，その事業の種類を公告しなければならない．

3　第1項の事業に関する会計は，当該学校法人の設置する私立学校の経営に関する会計から区分し，特別の会計として経理しなければならない．

第33条の3　学校法人は，設立の時に財産目録を作成し，常にこれをその主たる事務所に備えて置かなければならない．

第42条　次に掲げる事項については，理事長において，あらかじめ，評議員会の意見を聴かなければならない．

一　第45条の2第1項の予算及び事業計画

二　第45条の2第2項の事業に関する中期的な計画

三　借入金（当該会計年度内の収入をもつて償還する一時の借入金を除く．）及び重要な資産の処分に関する事項

四　役員に対する報酬等（報酬，賞与その他の職務遂行の対価として受ける財産上の利益及び退職手当をいう．以下同じ．）の支給の基準

八　収益を目的とする事業に関する重要事項

第43条　評議員会は，学校法人の業務若しくは財産の状況又は役員の業務執行の状況について，役員に対して意見を述べ，若しくはその諮問に答え，又は役員から報告を徴することができる．

第45条の2　学校法人は，毎会計年度，予算及び事業計画を作成しなければならない．

2　文部科学大臣が所轄庁である学校法人は，事業に関する中期的な計画を作成しなければならない．

第46条　理事長は，毎会計年度終了後2月以内に，決算及び事業の実績を評議員会に報告し，その意見を求めなければならない．

第47条　学校法人は，毎会計年度終了後2月以内に，文部科学省令で定めるところにより，財産目録，貸借対照表，収支計算書，事業報告書及び役員等名簿（理事，監事及び評議員の氏名及び住所を記載した名簿をいう．次項及び第3項において同じ．）を作成しなければならない．

2　学校法人は，前項の書類，第37条第3項第4号の監査報告書及び役員に対する報酬等の支給の基準（以下「財産目録等」という．）を，作成の日から5年間，各事務所に備えて置き，請求があつた場合（都道府県知事が所轄庁である学校法人の財産目録等（役員等名簿を除く．）にあつては，当該学校法人の設置する私立学校に在学する者その他の利害関係人から請求があつた場合に限る．）には，正当な理由がある場合を除いて，これを閲覧に供しなければならない．

第48条　学校法人は，役員に対する報酬等について，文部科学省令で定めるところにより，民間事業者の役員の報酬等及び従業員の給与，当該

学校法人の経理の状況その他の事情を考慮して，不当に高額なものとならないような支給の基準を定めなければならない．

2　学校法人は，前項の規定により定められた報酬等の支給の基準に従つて，その役員に対する報酬等を支給しなければならない．

第49条　学校法人の会計年度は，4月1日に始まり，翌年3月31日に終るものとする．

第59条　国又は地方公共団体は，教育の振興上必要があると認める場合には，別に法律で定めるところにより，学校法人に対し，私立学校教育に関し必要な助成をすることができる．

第61条　所轄庁は，第26条第1項の規定により収益を目的とする事業を行う学校法人につき，次の各号の一に該当する事由があると認めるときは，当該学校法人に対して，その事業の停止を命ずることができる．

一　当該学校法人が寄附行為で定められた事業以外の事業を行うこと．

二　当該学校法人が当該事業から生じた収益をその設置する私立学校の経営の目的以外の目的に使用すること．

三　当該事業の継続が当該学校法人の設置する私立学校の教育に支障があること．

第63条の2　文部科学大臣が所轄庁である学校法

人は，次の各号に掲げる場合の区分に応じ，遅滞なく，文部科学省令で定めるところにより，当該各号に定める事項を公表しなければならない．

一　第30条第1項若しくは第45条第1項の認可を受けたとき，又は同条第2項の規定による届出をしたとき　寄附行為の内容

二　第37条第3項第4号の監査報告書を作成したとき　当該監査報告書の内容

三　第47条第1項の書類を作成したとき　同項の書類のうち文部科学省令で定める書類の内容

四　第48条第1項の役員に対する報酬等の支給の基準を定めたとき　当該報酬等の支給の基準

第66条　次の各号のいずれかに該当する場合においては，学校法人の理事，監事又は清算人は，20万円以下の過料に処する．

四　第33条の3の規定による財産目録の備付けを怠り，又はこれに記載すべき事項を記載せず，若しくは虚偽の記載をしたとき．

六　第47条第2項の規定に違反して，財産目録等の備付けを怠り，又は財産目録等に記載すべき事項を記載せず，若しくは虚偽の記載をしたとき．

七　第47条第2項の規定に違反して，正当な理由がないのに，財産目録等の閲覧を拒んだとき．

私立学校法施行規則〈抜粋〉

最終改正　2019年9月17日（令和元年文部科学省令第15号），2020年4月1日施行

第4条の4　法第47条第1項（法第64条第5項において準用する場合を含む．以下この条において同じ．）に規定する書類（事業報告書にあつては財務の状況に関する部分に限り，役員等名簿を除く．）の作成は，一般に公正妥当と認められる学校法人会計の基準その他の学校法人会

計の慣行に従つて行わなければならない．

4　法第47条第1項に規定する書類のうち事業報告書については，当該学校法人（法第64条第5項において準用する場合にあつては，準学校法人．）の状況に関する重要な事項をその内容としなければならない．

第7条　法第63条の2の公表は，インターネットの利用により行うものとする．

2　法第63条の2第1項第3号に規定する文部科学省令で定める書類は，法第47条第1項に規定する財産目録，貸借対照表，収支計算書，事業報告書及び役員等名簿（個人の住所に係る記載の部分を除く．）とする．

私立学校振興助成法〈抜粋〉

最終改正　2019（令和元）年6月14日公布（令和元年法律第11号），2020年4月1日施行

第1条　この法律は，学校教育における私立学校の果たす重要な役割にかんがみ，国及び地方公共団体が行う私立学校に対する助成の措置について規定することにより，私立学校の教育条件の維持及び向上並びに私立学校に在学する幼児，児童，生徒又は学生に係る修学上の経済的負担の軽減を図るとともに私立学校の経営の健全性を高め，もつて私立学校の健全な発達に資することを目的とする．

第4条　国は，大学又は高等専門学校を設置する学校法人に対し，当該学校における教育又は研究に係る経常的経費について，その2分の1以内を補助することができる．

2　前項の規定により補助することができる経常的経費の範囲，算定方法その他必要な事項は，政令で定める．

第14条　第4条第1項又は第9条に規定する補助金の交付を受ける学校法人は，文部科学大臣の定める基準に従い，会計処理を行い，貸借対照表，収支計算書その他の財務計算に関する書類を作成しなければならない．

2　前項に規定する学校法人は，同項の書類のほか，収支予算書を所轄庁に届け出なければならない．

3　前項の場合においては，第1項の書類については，所轄庁の指定する事項に関する公認会計士又は監査法人の監査報告書を添付しなければならない．ただし，補助金の額が寡少であつて，所轄庁の許可を受けたときは，この限りでない．

「私立学校振興助成法等の施行について」〈抜粋〉

1976（昭和51）年4月8日文管振第153号

第3　私学助成法施行に当たり留意すべき事項

1　前記第2の6の私学助成法第14条に規定する財務計算に関する書類及び収支予算書の所轄庁への届出期限は，文部大臣所轄の学校法人にあつては，毎年度，財務計算に関する書類については当該年度の翌年度の6月30日までとし，収

支予算書については当該年度の6月30日までとすること．なお，知事所轄の学校法人にあつては，所轄庁の定めるところによること．

2　前記第2の6の私学助成法第14条第3項に規定する「補助金の額が寡少」であるとは，文部大臣所轄の学校法人にあつては，当面一会計年度に一学校法人に交付される補助金の額が1,000万円に満たない場合を意味するものとして運用するものであること．なお，知事所轄の学校法人にあつては，これに準じて所轄庁の定めるところによること．

「学校教育法等の一部を改正する法律の施行に伴う関係政令の整備及び経過措置に関する政令等の施行について（通知）」〈抜粋〉

2019年9月27日，元文科高518号

⑵留意事項

①　私立学校法施行規則（以下「規則」という．）第4条の4第4項に規定する事業報告書の内容としなければならない学校法人の状況に関する重要な事項には，次に掲げるものが含まれるものとすること．
⑴法人の概要
・建学の精神
・設置する学校・学部・学科等
・学校・学部・学科等の学生数の状況
⑵事業の概要
・主な教育・研究の概要
・中期的な計画及び事業計画の進捗・達成状況
⑶財務の概要
・決算の概要
・経営状況の分析，経営上の成果と課題，今後の方針・対応方策

②　貸借対照表，収支計算書及び事業報告書については，「私立学校法の一部を改正する法律等の施行に伴う財務情報の公開等について（通知）」（平成16年7月23日16文科高第304号）及び「学校法人会計基準の一部改正に伴う私立学校法第47条の規定に基づく財務情報の公開に係る書類の様式参考例等の変更について（通知）」（平成25年11月27日25文科高第616号）において定めた様式参考例等を別添3〜5のとおり改正したので，各学校法人におかれては，これらを参考とされたいこと．

なお，学校法人会計基準（昭和46年文部省令第18号）に従って作成した貸借対照表及び収支計算書を閲覧に供し又は公表する場合にあっては，同会計基準による様式は，補助金交付の観点からの表示区分となっているものである旨を注記等により示すことが適当であること．また，貸借対照表及び収支計算書の附属書類についても，支障のない範囲で積極的な情報公開に努めること．

③　法第26条第3項に規定する収益事業に係る財務書類についても，閲覧及び公表の対象となるものであること．

④　法第47条第1項及び第2項に基づき作成及び閲覧に供する書類と，法第63条の2及び規則第7条に基づき公表する書類の内容は同一のものであること．

⑤　規則第4条の5において，「役員等の勤務形態に応じた報酬等の区分」とは，常勤・非常勤等の区分に応じた報酬基準を策定すること，「報酬等の金額の算定方法」とは，報酬等の算定の基礎となる額，役職，在職年数など，どのような過程を経てその額が算定されたか，法人として説明責任を果たすことができる基準を設定すること，「支給の方法」とは，支給の時期や支給の手段を定めること，「支給の形態」とは，現金・現物の別等を定めることが求められること．

　　また，別添6のとおり，役員報酬基準の参考例を定めたので，各学校法人におかれては，これを参考とされたいこと．

⑥　規則第7条に基づき公表する書類等については，積極的な情報公開及び利用者の利便性向上の観点から，ダウンロード及び印刷が可能な形態でホームページ等に掲載することが望ましいこと．

（筆者注：上記②の「別添3〜4」は，学校法人会計基準の第一号・四号・五号・七号様式と同一である．「別添5」の事業報告書参考例は，従前よりも大幅に内容が充実している．）

事業報告書

1．法人の概要
(1)基本情報
　①法人の名称
　②主たる事務所の住所、電話番号、ＦＡＸ番号、ホームページアドレス等

(2)建学の精神

(3)学校法人の沿革

(4)設置する学校・学部・学科等

(5)学校・学部・学科等の学生数の状況

（○○年5月1日現在）

学校名		入学定員	入学者数	収容定員	現員数
大学	○○学部				
	××学部				
短期大学	△△学科				

(6)収容定員充足率

（毎年度5月1日現在）

学校名	○年度	○年度	○年度	○年度	○年度
大学					
短期大学					

(7)役員の概要
　・定員数、役員の氏名、就任年月日、常勤・非常勤の別、主な現職等

(8)評議員の概要
　・定員数、評議員の氏名、就任年月日、主な現職等

(9)教職員の概要
　・教職員の本務・兼務別の人数、平均年齢等

(10)その他
　・系列校の状況

2．事業の概要
(1)主な教育・研究の概要
　・「卒業の認定に関する方針」、「教育課程の編成及び実施に関する方針」、「入学者の
　　受入れに関する方針」

(2)中期的な計画（教学・人事・施設・財務等）及び事業計画の進捗・達成状況

(3)その他

3．財務の概要
(1)決算の概要
①貸借対照表関係
　ア)貸借対照表の状況と経年比較

	○年度	○年度	○年度	○年度	○年度
固定資産					
流動資産					
資産の部合計					
固定負債					
流動負債					
負債の部合計					
基本金					
繰越収支差額					
純資産の部合計					
負債及び純資産の部合計					

　イ)財務比率の経年比較
　　・運用資産余裕比率、流動比率、総負債比率、前受金保有率、基本金比率、積立率等

②資金収支計算書関係
　ア)資金収支計算書の状況と経年比較

収入の部	○年度	○年度	○年度	○年度	○年度
学生生徒等納付金収入					
手数料収入					
寄付金収入					
補助金収入					
資産売却収入					
付随事業・収益事業収入					
受取利息・配当金収入					
雑収入					

	○年度	○年度	○年度	○年度	○年度
借入金等収入					
前受金収入					
その他の収入					
資金収入調整勘定					
前年度繰越支払資金					
収入の部合計					

支出の部	○年度	○年度	○年度	○年度	○年度
人件費支出					
教育研究経費支出					
管理経費支出					
借入金等利息支出					
借入金等返済支出					
施設関係支出					
設備関係支出					
資産運用支出					
その他の支出					
資金支出調整勘定					
翌年度繰越支払資金					
支出の部合計					

イ）活動区分資金収支計算書の状況と経年比較

科　目	○年度	○年度	○年度	○年度	○年度
教育活動による資金収支					
教育活動資金収入計					
教育活動資金支出計					
差引					
調整勘定等					
教育活動資金収支差額					
施設整備等活動による資金収支					
施設整備等活動資金収入計					
施設整備等活動資金支出計					
差引					
調整勘定等					
施設整備等活動資金収支差額					

小計（教育活動資金収支差額＋施設整備等活動資金収支差額)					
その他の活動による資金収支					
その他の活動資金収入計					
その他の活動資金支出計					
差引					
調整勘定等					
その他の活動資金収支差額					
支払資金の増減額（小計＋その他の活動資金収支差額)					
前年度繰越支払資金					
翌年度繰越支払資金					

　ウ）財務比率の経年比較
　　・教育活動資金収支差額比率

③事業活動収支計算書関係
　ア）事業活動収支計算書の状況と経年比較

	科　目	○年度	○年度	○年度	○年度	○年度
教育活動収支	事業活動収入の部					
	学生生徒等納付金					
	手数料					
	寄付金					
	経常費等補助金					
	付随事業収入					
	雑収入					
	教育活動収入計					
	事業活動支出の部					
	人件費					
	教育研究経費					
	管理経費					
	徴収不能額等					
	教育活動支出計					
	教育活動収支差額					

教育活動外収支	事業活動収入の部				
	受取利息・配当金				
	その他の教育活動外収入				
	教育活動外収入計				
	事業活動支出の部				
	借入金等利息				
	その他の教育活動外支出				
	教育活動外支出計				
	教育活動外収支差額				
経常収支差額					
特別収支	事業活動収入の部				
	資産売却差額				
	その他の特別収入				
	特別収入計				
	事業活動支出の部				
	資産処分差額				
	その他の特別支出				
	特別支出計				
	特別収支差額				
基本金組入前当年度収支差額					
基本金組入額合計					
当年度収支差額					
前年度繰越収支差額					
基本金取崩額					
翌年度繰越収支差額					
(参考)					
事業活動収入計					
事業活動支出計					

  イ）財務比率の経年比較
　・人件費比率、教育研究経費比率、管理経費比率、事業活動収支差額比率、学生生徒等納付金比率、経常収支差額比率等

(2)その他
　①有価証券の状況
　　・種類、貸借対照表計上額、時価、差額等

　②借入金の状況
　　・借入先、期末残高、利率、返済期限等

　③学校債の状況
　　・発行年度、本年度末残高、利率、償還期限等

④寄付金の状況

⑤補助金の状況

⑥収益事業の状況

⑦関連当事者等との取引の状況
 ア）関連当事者
 ・役員・法人等の名称、資本金又は出資金、事業内容又は職業、関係内容（役員の兼任等・事業上の関係）、取引の内容等

 イ）出資会社
 ・会社の名称、事業内容、資本金等、出資割合、取引の内容、役員の兼任・報酬の有無等

⑧学校法人間財務取引
 ・学校法人名、取引の内容、取引金額等

(3)経営状況の分析、経営上の成果と課題、今後の方針・対応方策

「私立学校法改正 Q&A」
（文部科学省作成，2019年10月10日版）

Q15-2　第47条で規定する貸借対照表，収支計算書は，私立学校法施行規則第４条の４の規程に基づき，少なくとも大学法人，短大法人においては，学校法人会計基準に従って作成した決算書類の原本またはその写しを事務所に備えて置き，閲覧に供するものとすべきでないか．以下の通り「様式参考例」を改めるべきではないか．

○「様式参考例」という名称を改め，作成の際に基づくべき「様式」とすること

○内容を学校法人会計基準の様式（第一〜第十号様式）と同一のものにすること．それが不可能ならば，

・貸借対照表の注記を表示すること

・各書類の小科目を「…」として省略して表示していることは，大科目のみ記載すればよいということではなく，小科目も記載すべきものであることを明記すること

・各書類に付属する明細表，内訳表についても様式を示すこと

○財産目録についても，表示内容をより詳細に示すなど，積極的な公開を促すものとすること

○私立学校法第47条及び私立学校法施行規則第４条の４に基づき作成・閲覧に供する財務書類等については，多くの学校法人が学校法人会計基準に従い書類を作成している実態を踏まえ，様式参考例として学校法人会計基準の様式（小科目・注記を含む）を示しています．

「学校法人の寄附行為等の認可申請に係る書類の様式等」〈抜粋〉

1994年 7 月20日文部省告示第117号

最終改正2015年 3 月 1 日文科省告示第29号

様式第6号その1(第11条関係)

(用紙 日本産業規格A4横型)

財産目録その他の最近における財産の状況を知ることができる書類

財　産　目　録

(　年　月　日現在)

Ⅰ　資産総額　　　　　金　　　　円
　　内　1 基本財産　　金　　　　円
　　　　2 運用財産　　金　　　　円
　　　[収益事業用財産　金　　　　円]

Ⅱ　負債総額　　　　　金　　　　円
　　　[収益事業用負債　金　　　　円]

Ⅲ　正味財産　　　　　金　　　円

財産の状況
[1]資産
1　基本財産
(1)土地

種　別	所　在　地	新設校専用 ㎡	既設校と共用 ㎡	既設校専用 ㎡	計 ㎡	金　額 円	備　考
	計						

(2)建物

種　別	所　在　地	構　造	新設校専用 ㎡	既設校と共用 ㎡	既設校専用 ㎡	計 ㎡	金　額 円	備　考
	計							

(3)構築物

種　別	金　額 円	備　考
計		

(4)機器備品
　ア　教育研究用機器備品

名称又は種類	数　量 点	金　額 円	備　考
計			

　イ　管理用機器備品

名称又は種類	数　量 点	金　額 円	備　考
計			

(5)図書

種　別	冊　数 冊	金　額 円	備　考
計			

(6)車両

種　別	数　量 台	金　額 円	備　考
計			

(7)建設仮勘定

内訳(事業名称等)	契約相手方	振替予定科目	支払予定時期	金　額 円	備　考
計					

2 運用財産

（1）預貯金・現金
　ア　預貯金

預貯金種別	金融機関	金　額　　　円	備　考
計			

　イ　現金　　　　　　円

（2）特定資産

内　訳	預入先又は信託先	金　額　　　円	備　考
計			

（3）有価証券

銘　柄	数　量	取得年月日	金　額　　円	備　考
計				

（4）不動産
　ア　土地

種　別	所　在　地	面　積　　㎡	金　額　　円	備　考
計				

　イ　建物

種　別	所　在　地	面　積　　㎡	金　額　　円	備　考
計				

（5）貯蔵品

種　類	用　途	金　額　　　円	備　考
計			

（6）未収入金

内　訳	件　数	金　額　　　円	備　考
計			

（7）前払金　　　　　　円

内　訳	件　数	金　額　　　円	備　考
計			

収益事業用財産
※　該当がある場合は「基本財産」及び「運用財産」の各表に準じて内訳を記載。

[2]負債
1　固定負債
（1）長期借入金

借　入　先	件　数	金　額　円	使　途	返済期限	利　率　%	備　考
計						

（2）学校債

種　類	件　数	金　額　円	使　途	償還期限	利　率　%	備　考
計						

（3）長期未払金

内　訳	件　数	金　額　円	使　途	支払期限	備　考
計					

196

2 流動負債
(1)短期借入金

借　入　先	件　数	金　額　　円	使　途	利率 %	備　考
計					

(2)1年以内償還予定学校債

種　　類	件　数	金　額　　円	使　途	利率 %	備　考
計					

(3)未払金

内　訳	件　数	金　額　　円	使　途	備　考
計				

(4)前受金

内　訳	件　数	金　額　　円	使　途	備　考
計				

```
収益事業用負債
※ 該当がある場合は「固定負債」及び「流動負債」の各表に準じて内訳を記載。
```

[3]　借用財産
(1)土地

種別	所　在　地	新設校専用 ㎡	既設校と共用 ㎡	既設校専用 ㎡	計 ㎡	契　約相手方	契約期間	賃料（月額）円	備　考
計									

(2)建物

種別	所　在　地	構　造	新設校専用 ㎡	既設校と共用 ㎡	既設校専用 ㎡	計 ㎡	契　約相手方	契約期間	賃料（月額）円	備　考
計										

重要な会計方針
　　1 資産の評価基準
　　2 引当金の計上基準
　　3 その他の重要な会計方針

注)
1　この書類は，開設年度の前々年度の末日又は当該末日から申請を行う日までの間において申請者が定める日で作成すること。
2　この書類は，申請書に添付する貸借対照表と整合するよう作成すること。
3　上記以外の貸借対照表の科目の転記にあたっては，上表を参考に適宜追加すること。
4　本様式に代えて電子的方法，磁気的方法その他の方法により本様式の記載事項を記録したディスクその他これに準ずるものによる申請を行っても差し支えないこと。

その他の関連資料一覧

○2013年学校法人会計基準改正について
・「学校法人会計基準の一部改正について（通知）」2013（平成25）年4月22日，25文科高第90号
・「学校法人会計基準の一部改正に伴う計算書類の作成について（通知）」2013（平成25）年9月2日，25高私参第8号
・「『恒常的に保持すべき資金の額について』の改正について（通知）」2013（平成25）年9月2日，25高私参第9号

○財産目録の様式について
・「私立学校法の一部を改正する法律等の施行に伴う財務情報の公開等について（通知）」2004（平成16）年7月23日，16文科高第304号
　※公表にあたっての財産目録の様式参考例が示されています．
・「財産目録の作成に係る基本方針」2015（平成27）年3月高等教育局私学部私学行政課法人係
　※「学校法人の寄附行為等の認可申請に係る書類の様式等」（文部省告示第117号）に関わって，文科省が財産目録の作成方法を説明しています．

○貸借対照表の注記について
・「学校法人会計基準の一部改正に伴う計算書類の作成について（通知）」2005（平成17）年5月13日，17高私参第1号
・「学校法人委員会研究報告第16号　計算書類の注記事項の記載に関するQ&A」日本公認会計士協会，最終改正2014（平成26）年12月2日

○退職給与引当金の計上基準について
・「退職給与引当金の計上等に係る会計方針の統一について（通知）」2011（平成23）年2月17日，22高私参第11号

著者

野中郁江（のなか　いくえ）

明治大学商学部教授，会計学・経営分析論，商学博士.

1952年　東京・神田生まれ

1975年　東京教育大学文学部史学科東洋史専攻卒業

1984年　明治大学大学院商学研究科博士後期課程退学

主な著書

単著『現代会計制度の構図』（2005年，大月書店）

　　　『国有林会計論』（2006年，筑波書房）

共著『ゼネコン危機の先を読む』（2001年，新日本出版社）

　　　『私立大学の財政分析ができる本』（2001年，大月書店）

　　　『日本のビッグ・インダストリー8　建設──問われる脱公共事業産業化への課題』（2001年，大月書店）

編著『日本のリーディングカンパニーを分析する NO.4　流通・テレコム』（2007年，唯学書房）

　　　『ファンド規制と労働組合』（2013年，新日本出版社）

装幀　森デザイン室

私立大学の財政分析ハンドブック

2020年1月15日　第1刷発行	定価はカバーに
2021年5月14日　第2刷発行	表示してあります

著　者　野　中　郁　江

発行者　中　川　進

〒113-0033　東京都文京区本郷2-27-16

発行所　株式会社　大　月　書　店

印刷　太平印刷社
製本　中永製本

電話（代表）03-3813-4651　FAX 03-3813-4656　振替00130-7-16387

http://www.otsukishoten.co.jp/

ISBN978-4-272-41256-3　C0037　Printed in Japan